I0815319

Auto*cuidado*

PATRI PSICÓLOGA
YOLANDA CUEVAS

Autocuidado

52 semanas para cuidar de ti

Grijalbo

Papel certificado por el Forest Stewardship Council®

Primera edición: octubre de 2025

Printed in Spain – Impreso en España

ISBN: 978-84-253-6913-1
Depósito legal: B-12.197-2025

Compuesto en Comba Studio
Impreso en Huertas Industrias Gráficas, S. A.
Fuenlabrada (Madrid)

GR 6 9 1 3 1

A las mujeres bonitas que nos acompañan
en nuestra vida, que se necesitan

A todas las mujeres que se dejaron
para dedicarse a otros

ÍNDICE

Querida lectora:

Tienes delante un libro muy especial: 52 semanas para el autocuidado. Este libro está pensado para que lo recorras a tu ritmo, en el orden que tú elijas y con la libertad de detenerte el tiempo que necesites en cada semana. Aquí no hay prisas ni culpas, solo un espacio para que te respetes, te quieras y te dediques tiempo de verdad. Porque el autocuidado no es un lujo ni una obligación, sino un acto de amor hacia ti misma, un derecho que mereces ejercer sin sentirte mal por ello.

Cada semana encontrarás una propuesta para conectar contigo, para escucharte y para regalarte momentos que nutran tu cuerpo, mente y alma. Puedes leer semana tras semana o saltar a la que más te llame en cada momento. Lo importante es que este libro sea un acompañante amable en tu día a día, un recordatorio constante de que tú eres una prioridad en tu vida.

El autocuidado no es un destino, sino un viaje. A veces será sencillo y otras veces costará un poco más, pero cada pequeño gesto suma. Cada vez que te eliges, que te das permiso para parar, sentir o simplemente ser, estás construyendo una relación más amable contigo misma.

Te invitamos a que te regales este tiempo, sin juicios ni exigencias. Que te permitas aprender, crecer y cuidarte con ternura y paciencia. Porque cuidar de ti es el primer paso para vivir una vida más plena y auténtica.

Bienvenida a este viaje de autocuidado. Estamos felices de que estés aquí.

Con todo nuestro cariño,

Yolanda y Patri

SEMANA 1

La mayoría de las mujeres nos hemos educado en dar, en estar para los demás y en ser serviciales. Si además eres madre, se te presupone una entrega incondicional a los hijos, pareja, familia, tus padres e incluso tus hermanos. Una mujer entregada es una gran madre, una gran esposa y una gran profesional. Recibimos muchos halagos y reconocimiento cuando nos dedicamos a los nuestros y a nuestro trabajo. Tanto es así que, cuando decides tomarte tiempo para ti, te sientes egoísta y poco merecedora de esos momentos.

Tu entrega es de un valor incalculable. Y, gracias a las renuncias personales y el darnos a los demás, seguimos funcionando como sociedad. Pero ¿y tú? ¿También te das a ti? ¿Te cuidas, descansas, tienes tiempo para ti?

El tiempo hay que crearlo y buscarlo, porque no aparece solo. No hay tiempo para todo, pero si te organizas y priorizas, seguro que encuentras momentos maravillosos para ti. Recuerda algo muy importante: si tú no haces hueco para ti, nunca podrás ocuparte de ti. Porque el hueco en tu vida, hasta ahora, no se ha abierto paso solo. Y no esperes a que los demás adivinen que necesitas tiempo. Es preferible que lo pidas o lo expreses tú. A pesar de que tu familia te adora, todavía no tiene la capacidad de adivinar lo que tú necesitas.

Esta semana vamos a observar en qué utilizamos nuestro tiempo. Te invitamos a que «saques antes de meter».

Haz una lista de esas actividades que restan más que suman y que, pese a poder entretenerte, te hacen perder el tiempo.

- Tiempo en redes sociales
- Ver demasiadas series
- Tardar en elegir qué ponerte por la mañana
- ____________________
- ____________________
- ____________________
- ____________________
- ____________________
- ____________________
- ____________________
- ____________________

Ve deshaciéndote de hábitos «ladrones del tiempo» y el hueco que hayas ganado, trasládalo por favor a tu agenda y decide qué hacer para dedicarlo a tu autocuidado.

Esta es tu lista para la primera semana. Te invitamos a que anotes tus respuestas en ella.

¿Cómo te sientes haciendo hueco para tus cosas? ¿Es reconfortante? ¿o notas que le quitas el tiempo a otros?

____

____

¿Te has dado cuenta del tiempo que perdías en actividades que igual no valían tanto la pena? ¿Qué tipo de renuncias a «ladrones del tiempo» te hacen sentir hoy orgullosa?

____

____

¿En qué vas a emplear ese tiempo que has ganado?

____

____

Cuando te dedicas tiempo, presta atención a cómo te estás cuidando y cómo te hace sentir. ¿Qué te despierta, qué valoras de eso?

____

____

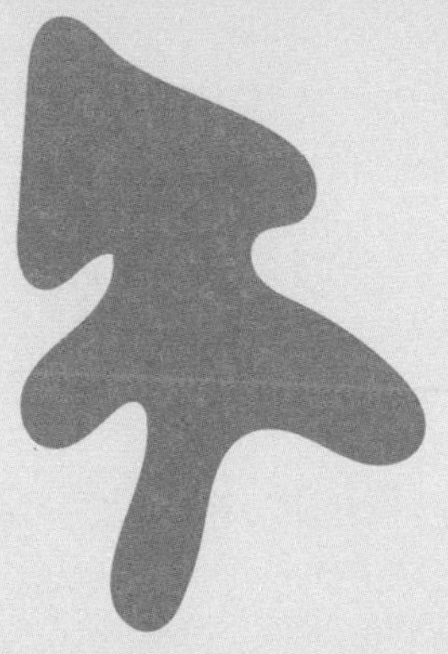

SEMANA 2

ENCUENTRA EL SENTIDO AL *autocuidado*

Ya lo siento, con la ilusión no basta. Tampoco basta con estar convencida de que es algo bueno para ti. Generar un cambio y dedicarle tiempo al cuidado de la salud física y mental necesitan muchos nutrientes: tiempo, motivación, ganas y, sobre todo, un sentido. Cuando encontramos sentido a lo que hacemos o a aquello con lo que deseamos comprometernos, lo elevamos a necesidad. Necesitas convertir el autocuidado en una necesidad y una prioridad en tu vida. De no ser así, lo dejarás «para luego». Y el «para luego», si es para una, nunca llega.

Por eso, te invitamos esta semana a reflexionar sobre varios puntos que te ayudarán a tomar conciencia de la importancia del autocuidado y sus beneficios. No esperes a que la motivación para cuidarte aparezca sola. Igual tenemos que hacer algo nosotras por convocarla a esta fiesta del amor propio.

Empieza por reflexionar qué significa «autocuidado» para ti. Nosotras lo entendemos como una serie de actividades que velan por nuestra salud física y mental, que nos divierten, que disfrutamos, que podemos realizar a solas o en compañía y con las que conectamos con nuestro bienestar.

¿Te animas a escribir tu propia definición de «autocuidado»? Si deseas, puedes compartirla en redes e inspirar así a otras mujeres.

____

____

¿Para qué querrías cuidarte? Escribe todos los motivos que encuentres; cuantos más, mejor.

- ✦ ______
- ✦ ______
- ✦ ______
- ✦ ______
- ✦ ______

¿Cómo crees que te puede hacer sentir?

Escribe tus respuestas en un diario bonito donde puedas ir recogiendo estas experiencias de autocuidado que estás dispuesta a disfrutar.

______

______

______

______

______

Te invitamos a realizar un ejercicio bonito en el que tendrás que dibujar. Dibuja en esta página a **una mujer que practica el autocuidado y, al lado, a una mujer que no lo hace**. Y anota alrededor de cada una **cualidades personales o de sus vidas que creas que las definen**. Por ejemplo, la mujer que practica autocuidado puede que la describas con expresiones como «respetuosa con ella», «serena»... y puede que a la mujer que no se cuida le atribuyas cualidades como baja autoestima, no tener tiempo...

SEMANA 3

¿CON QUÉ TIPO DE *cuidados*, *mimos*, *actividades* DESEAS EMPEZAR A COMPROMETERTE?

Nuestros dos primeros consejos buscaban encontrar tiempo y convencerte de la importancia de dedicarte tiempo a ti. Ahora, desde el convencimiento, empieza a elegir qué nuevas rutinas de autocuidado deseas incorporar a tu vida, qué deseas mantener de lo que ya haces y qué deseas eliminar que te sienta mal. Porque tan importante es empezar con lo que te cuida como deshacerte de lo que te perjudica.

¿Qué tipo de mimos, cuidados quieres tener contigo? Haz una lista de tus actividades favoritas que, además, estés echando de menos. Salir a andar, leer, cocinar una receta diferente, descansar, parar, meditar, pintar, cuidar tus plantas, comprar sin prisas, contemplar un atardecer, quedar con amigas, hacerte una limpieza bucal, pedir hora para quitarte esa mancha que te disgusta desde hace años, ir a la peluquería, apuntarte a un curso de dibujo, hacer un retiro...

¿Qué más se te ocurre a ti?

- ✦ ______________________________
- ✦ ______________________________
- ✦ ______________________________

Y una vez que tengas una lista enorme de actividades, rutinas, cuidados que te atraigan, pon los pies en la tierra y comprométete solo con tres. Una vez las integres, puedes seguir incluyendo más alternativas en la lista.

Deja volar tu fantasía. Nosotras te proponemos estos ejemplos, pero, al margen de ellos, puedes incorporar todo lo que tú hayas pensado y que no esté en nuestro plan.

Actividades nuevas con las que te vas a cuidar.

- Ir al fisio una vez al mes
- Disfrutar de comprar en el mercado a menudo
- Empezar a dibujar mandalas
- ______________________________
- ______________________________

Actividades que deseas mantener de forma regular.

- Ir al gimnasio
- Una cenita con amigas por lo menos una vez al mes
- Leer más
- ______________________________
- ______________________________

- **Actividades perjudiciales que deseas eliminar.**
- Fumar
- No desmaquillarme por la noche
- Descuidar mis controles, analíticas, mamografías...
- ______________________________
- ______________________________

En el recuadro que tienes en esta página, **escribe sin orden, sin miedo, sin «falsa humildad», todos los «me lo merezco»**.

Ejemplo: «Merezco cuidarme porque trabajo mucho, porque me quiero, porque mi abuela ya me lo decía de pequeña...».

Deja volar tu imaginación, llénate de autoestima y escribe, escribe y escribe hasta completar la hoja. Y disfruta.

SEMANA 4

EMPECEMOS POR RUTINAS DE *belleza y cuidado personal*

NO, NO SON UNA FRIVOLIDAD

Tu cuidado personal no es una frivolidad. Estar constantemente pendiente de tu aspecto físico y de controlar el peso, u obsesionarse por los signos de juventud como la vía para sentirte segura es una equivocación. Pero cuidar tu higiene, la luminosidad e hidratación de tu piel, procurar tener un cabello sano o verte físicamente bien son acciones que forman parte del cuidado de tu bienestar emocional, de tu autoestima y de sentirte y estar más saludable.

Cuidar la piel, el pelo o tu estilismo te hacen estar bien. Puedes tener tus pequeños rituales de higiene y belleza con productos adecuados para tu piel y con olores que disfrutes. Déjate aconsejar por algún profesional que te indique qué necesita tu cuerpo, tu cara y tu cabello. Y date el gustazo. Y si deseas renovar alguna prenda de ropa de la que te has cansado o se ha quedado desfasada, hazlo.

Hoy corren muchas corrientes por redes sociales a favor del cuidado, pero también en contra. Personas que te juzgan por cuidarte y que te hacen sentir esclava de presiones culturales. Ni una cosa ni otra. Encuentra tu punto de equilibrio. Cuídate, mímate y no permitas que otras personas te juzguen por este tema.

Elige tres rutinas para esta semana que te apetezca incorporar a tu autocuidado. Las que tú desees.
Te proponemos algunos ejemplos.

- Hidratar más la piel
- Exfoliarte una vez a la semana
- Usar un enjuague bucal
- Enjabonarte y disfrutar de la aromaterapia
- Ponerte música mientras te duchas
- Encender velitas mientras te dedicas tiempo en el baño
- Cuidar las uñas y darles un brillito
- Tener una rutina de belleza
- Ponerte crema de manos y pies
- Cepillar el cabello cada noche varias veces
- Aplicarte una mascarilla para el pelo

- ____________________________________
- ____________________________________
- ____________________________________
- ____________________________________
- ____________________________________

Para ayudarte a afianzar el hábito de cuidar tu higiene y las rutinas de belleza, **te invitamos a que dibujes** en un pósit un símbolo, una frase… **algo que puedas pegar en el lugar donde vayas a llevar a cabo tu hábito**. Así te ayudará a recordarlo. La mayoría de las veces olvidamos los hábitos porque no están incorporados a nuestra rutina más que por falta de fuerza de voluntad. Tener un símbolo cerca de tu espejo o en el armario del baño te servirá de recordatorio. Dibuja aquí un esbozo.

SEMANA 5

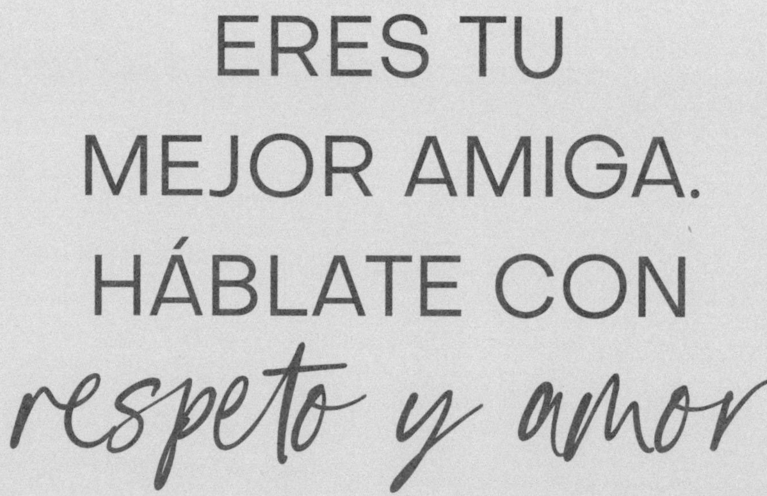

ERES TU MEJOR AMIGA. HÁBLATE CON *respeto y amor*

¿Eres de las que se critica y se hace daño con la palabra cuando las cosas no salen como te gustaría? Muchas mujeres aprendieron de pequeñas que un fallo se corregía con el castigo. Si sacabas malas notas, estabas castigada. Si contestabas mal a tus padres, estabas castigada. Castigada por todo. Y tú misma te sigues castigando, sobre todo con la palabra. Crees que tratarte mal te ayudará a espabilar para la próxima vez, que será el camino para aprender a ser más voluntariosa, atenta, eficaz, productiva, saludable, comprometida.

Pero, querida mujer bonita, te equivocas. No es necesario hablarte mal y castigarte para poder hacer las cosas mejor. Ningún experimento científico ha dado validez a esta relación entre el automaltrato verbal y un cambio a mejor en tu vida. Así que grábate esta frase en tus genes: **hablarse bonito es quererse bonito**.

El vocabulario con el que te hablas a ti misma condiciona tus emociones y sentimientos. Por ello, hablarte mal afecta a tu inseguridad y falta de confianza. Al igual que hablar bien puede condicionar tu estado de ánimo y tu seguridad. Hablarte con respeto forma parte de la estima que te tienes. Y tratarte bien es clave para tu bienestar, autoestima y motivación. Si cuando tus amigas están de bajón por sus errores tratas de animarlas y motivarlas porque las quieres y respetas, ¿por qué no hacerlo también contigo?

Recuerda: las palabras son poderosas. No se las lleva el viento. Dejan huellas de amor o profundas cicatrices.

Te proponemos hacer dos listas:

- En la primera, anota todas esas **palabras o etiquetas con las que sueles descalificarte** y, una vez escritas, esconde la lista donde no puedas encontrarla jamás.
- Y ahora escribe una segunda lista con **palabras y expresiones reconfortantes y compasivas** que puedas decirte cuando algo salga mal.

Te facilitamos ejemplos:

- Un error no me define. Sigo siendo una persona maravillosa.
- Con calma. Lo intentaré de nuevo.
- Me necesito desde el amor.
- Decido respetarme como muestra de amor por mí.

- ________________________________
- ________________________________
- ________________________________
- ________________________________
- ________________________________
- ________________________________

Este es tu diario de **palabras amables**.

Día de la semana

____

Palabra o expresión elegida

____

¿En qué momentos del día la has utilizado?

____

____

____

¿Cómo te has sentido a lo largo del día cada vez que te la has dicho?

____

____

____

¿Qué ha cambiado en ti?

____

____

____

SEMANA 6

REGÁLATE DIEZ MINUTOS PARA *no hacer nada*

No sé si estás acostumbrada a hacer ejercicio de forma regular o no. Tanto si es que sí como si es que no, estoy segura de que, si entrenas de más, te agotas, tus músculos se cansan. Y si eres de las personas que no suelen hacer ejercicio, cuando lo haces, al día siguiente tienes agujetas. Los músculos que han trabajado por encima de su nivel de entrenamiento o de actividad necesitan un descanso para recuperarse. Lo mismo le ocurre a tu mente.

Tu cerebro está expuesto a un exceso de información que puede ser agotadora. Le llega por todos lados: internet, redes sociales, el trabajo, lo que lees en revistas y libros, lo que escuchas... Además, trabajas muchísimas horas pensando, concentrándose, tomando decisiones, siendo creativo, eligiendo... Tus funciones cognitivas y tu mente están sobrepasadas y agotadas. Necesitan un descanso para recuperarse, como tus músculos cuando se ejercitan de más.

Tu cerebro agradecerá mucho que le des un descanso. Diez minutos para no hacer nada es no hacer nada. Y si te invade la culpa en modo «¡¡¡Qué hago yo descansando en el sillón sin hacer nada cuando está el lavavajillas sin recoger!!!», ríete de la culpa, déjala estar y no te justifiques. Y, por Dios bendito, ni se te ocurra interrumpir tu descanso de no hacer nada para hacerle caso a la culpa.

Esta semana, tu tarea de autocuidado consiste en observar, ver la vida pasar, estar sin más durante quince minutos. **Solo observa, nada más**.

Posibles lugares para no hacer nada:

- En el sofá de tu casa
- En tu terraza o balcón
- Desde la mesita de una cafetería
- Sentada en un parque

P. D.: Si se te ha ocurrido la idea «genial» de «aprovecho para contestar correos, redes sociales, mirar el móvil...», ya lo siento, NO. No hacer nada es no hacer nada ☺.

Cuando no hacemos nada, nada de nada, al ratito de no estar haciendo nada suele activarse la creatividad. La creatividad está oprimida por otras funciones cognitivas que nos tienen atrapados durante el día. En el momento en el que dejas un poco de espacio, de protagonismo, se activa y hace de las suyas.

Te invitamos a que dibujes, escribas, crees algo después de no hacer nada. Permite que tu cerebro sea libre para expresarse. No tiene por qué tener que ver ni con tu trabajo ni con tus aficiones. Puedes dibujar, escribir ideas, una poesía o inventarte algo. **Simplemente, juega**.

SEMANA 7

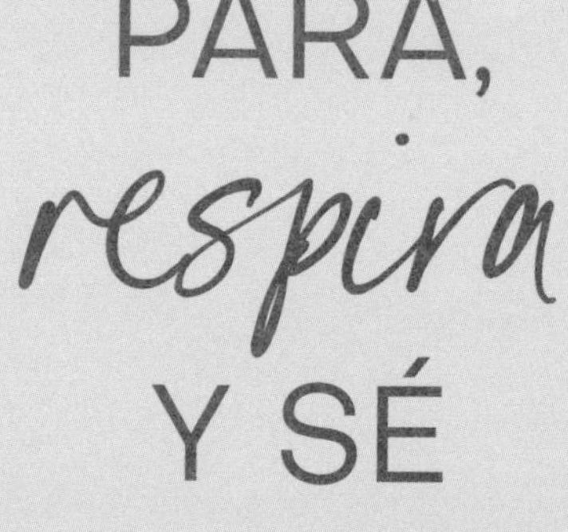

PARA, *respira* Y SÉ

Vivimos acelerados. Tener sobreactivado el «modo hacer», estar todo el día haciendo cosas, yendo de un sitio a otro sin parar, repercute en tu salud física y mental. Todo el día con cosas pendientes, responsabilizándote de todo porque, si no, piensas que no se hacen bien. Incluso te ocupas adrede con tal de no afrontar tu realidad y tu pasado. El famoso «Me pongo a hacer cosas, así no pienso». ¿Te suena? Este «modo hacer» te desconecta del presente, del cuerpo, de sentir y, además, acelera el sistema nervioso. Se activa la alerta y, con ella, el resto de los órganos y funciones. Te desestabilizas. Y esto influye en la forma de pensar, sentir y comportarte.

¿Sabías que respirar conscientemente lo cambia todo? La respiración es la única función corporal que puede ser voluntaria e involuntaria. La respiración involuntaria se produce mientras estás haciendo cosas y te mantiene viva. La respiración voluntaria es aquella que practicas conscientemente con el proceso de inhalar y exhalar el aire. Se trata de respirar suave, lento y profundo, por la nariz. Y esto cambia la experiencia. La mente se conecta con el presente y te serena. ¿Comenzamos?

Cuando paras y respiras...

- reduces la frecuencia cardiaca.
- te relajas a nivel muscular.
- mejoras la oxigenación.
- disminuyen el estrés y la ansiedad.
- regulas tus emociones.
- favoreces la concentración y aumentas los niveles de energía.
- duermes y descansas mejor.

La **respiración necesita práctica** para que se interiorice e ir así potenciando la tolerancia y los beneficios. Toma conciencia, **no fuerces, pero no abandones el arte de respirar**.

Sentada en una silla con los pies apoyados, posa tus manos en el pecho y en el abdomen. Coloca tu espalda recta. Te invitamos a realizar este ejercicio con los ojos cerrados. Observa y siente tu respiración, sin modificarla. Tal como es, es perfecta. Observa cómo entra y sale el aire. Inhalas seguridad y calma, exhalas tensión. Respeta el proceso, no fuerces y para cuando lo necesites.

En el silencio de la respiración se va ordenando el caos.

Imagina un termómetro para medir el nivel de serenidad o paz interior. **Te invitamos a que en esta página dibujes tu termómetro**, puede tener la forma que quieras. Puede ser un termómetro tradicional, una pulsera termómetro, el cuello de una jirafa, un árbol...

Lo más alto de tu termómetro es tu nivel de serenidad después de practicar las respiraciones. Cada día que practiques puedes ir marcando el nivel alcanzado, con números, colores o, simplemente, pintando hasta donde hayas llegado.

SEMANA 8

DESPIÉRTATE CON EL *despertador* DE TODA LA VIDA

Cada vez tenemos peor calidad de sueño y dormimos menos horas. El sueño es vital para la salud física y mental. Es el momento en el que se repara el daño celular y el estrés vivido durante el día.

Durante la fase del sueño, nuestro cuerpo y mente entran en el taller. Las células se recuperan del daño sufrido durante el día, el cerebro ordena, almacena y desecha carpetas e información que no necesita, nuestros neurotransmisores y hormonas se reequilibran. La falta de sueño altera la asimilación de la glucosa. Y cuando esta cae en picado, perdemos la capacidad de autocontrolarnos. Dormir bien nos ayuda a tener vitalidad, atención y concentración. Pero estamos de suerte, porque con una sola noche de sueño reparador, las funciones cognitivas cansadas vuelven a funcionar con efectividad.

Tener el móvil cerca de la cama perjudica seriamente tu calidad de sueño. Con la excusa de poner la alarma, consultas tus redes sociales antes de dormir, miras los correos —los personales y los profesionales—, navegas por internet, una cosa te lleva a la otra y sin darte cuenta has consumido un tiempo precioso que podrías haber dedicado a la lectura plácida que hubiera ayudado a conciliar un sueño profundo.

Esta semana compra un **despertador de los de toda la vida y deja el móvil fuera de la habitación**. ¿Eres consciente del tiempo que pasas con el móvil en la cama antes de dormirte? ¿Eres consciente de que quizá al sonar la alarma vuelves al día de la marmota y repites la misma rutina que antes de dormir? Repasas las redes sociales un buen rato sin poner aún los pies en la tierra, mirando wasaps, contestando tus correos... como si la noche y el día tuvieran la misma rutina.

A partir de hoy y a lo largo de esta semana, **decide cómo vas a empezar el día para sentirte bien**. Una meditación, una ducha, elegir la ropa con calma, un desayuno sano, el beso o abrazo de los tuyos, tiempo para conversar en familia, pareja...

Y recuerda **poner el despertador de toda la vida lejos de la cama**, que te obligue a levantarte y apagarlo. Puedes incluso elegir una emisora de radio o música para despertarte en lugar del sonido de una alarma.

Haz una lista con diez posibles **ventajas de levantarse cuando suena el despertador** en lugar de remolonear en la cama.

Empezamos nosotras.

1. Tener más tiempo para desayunar con tranquilidad
2. Poder hacer cinco minutos de estiramientos
3. Tener tiempo para prepararte comida saludable y llevártela al trabajo
4. Elegir la ropa con más sosiego
5. Poder ducharte sin prisa
6. ______________________________
   ____
7. ______________________________
   ____
8. ______________________________
   ____
9. ______________________________
   ____
10. ______________________________
    ____

SEMANA 9

ESCUCHA TUS *sensaciones* A LA HORA DE *comer*

Te invitamos esta semana a que observes qué tipo de alimentos te piden tu cuerpo y tu mente, en qué cantidad y en qué momento del día.

Aprender a comer conscientemente nos ayuda a cuidar de nuestra salud. Estamos acostumbradas a comer según los sometimientos culturales y sociales. Hacemos dietas milagro que no sirven para nada más que para dañar nuestra salud y autoestima y, con ello, hemos dejado de respetar nuestro cuerpo.

Hagamos unas pequeñas reflexiones:

- La talla XXS no define tu autoestima.
- El valor de una persona no está relacionado con su peso.
- Los objetivos cortoplacistas e insanos no se sostienen en el tiempo.
- Tu salud emocional no puede depender de tu peso.
- Tu cuerpo merece respeto, amor y compasión por tu parte.
- Una dieta que te haga sufrir no es tu dieta.

¿Qué te pide el cuerpo? El cuerpo es sabio. Escúchalo. Anótalo por escrito.

Si crees que eso que te pide es insano o no está en tu «filosofía de vida gastronómica», piensa por qué deseas comer eso que te apetece tanto. Descubrir qué nos lleva a comer algo muy dulce, a beber alcohol, a comer procesados insanos nos permite encontrar qué **emoción** subyace y qué **soluciones** tengo que encontrar al margen de la comida. Por ejemplo:

- **Me apetece...** «Chocolate y galletas».
- **¿Qué emoción estoy sintiendo?** «Nervios».
- **¿Qué la provoca?** «El agotamiento de lidiar con los deberes, las duchas de los niños y pensar que todavía tengo trabajo por delante y no saber a qué hora voy a acostarme».

¿Has visto? Hemos dado en la tecla. Ahora, si lo deseas, disfruta de una galleta o elige regular tu emoción con alguna otra técnica como puede ser la meditación, una ducha, contarles un cuento a tus hijos, leer un rato, ver una serie o, simplemente, cenar algo nutritivo y meterte en la cama a dormir.

No nos abandonemos al hábito de abrir la nevera sin más y pillar cualquier cosa. **Tu cuerpo no merece cualquier cosa**. Necesita ser cuidado, respetado y mimado.

Vamos a desarrollar nuestra vena artística. Te invitamos a que dividas esta página en dos espacios. **Y vamos a trabajar sobre la sustitución**. No queremos que te prohíbas alimentos, pero sí que tengas en mente **qué productos de los que comes o bebes no son saludables y te gustaría sustituir por una opción más sana**.

Por poner un ejemplo: puedes dibujar un refresco azucarado si eres consumidora habitual de estas bebidas y dibujar al lado otra por la que deseas sustituirla, por ejemplo, el agua. Trata de dibujar el agua de mayor tamaño y más atractiva. Un agua con gas, con una rodajita de limón y hielo. Deja volar tu talento creativo. Otro ejemplo podría ser unas patatillas y, al lado, una alternativa que consiste en un puñadito de frutos secos, unos altramuces, unos berberechos o unos pepinillos en vinagre.

Dibujar y dedicarle mimo a tu obra creativa hará que el cerebro lo retenga mejor y genere un vínculo emocional. Así, cuando surja la ocasión, será más sencillo recordar y ponerlo en práctica.

SEMANA 10

VIVE TUS *emociones* DESDE LA *sinceridad*

Muchas personas que sienten ira, enfado, desilusión, frustración, pena... pierden completamente el control a la hora de expresar lo que sienten. Sí, tienes derecho a sentir cada una de estas emociones incómodas. No, no tienes por qué mostrarte descontrolada cuando sientes algo desagradable.

Culturalmente nos hemos permitido la licencia de gritar, hacer aspavientos, pegar portazos, humillar, tocar el claxon como si no hubiera un mañana, actuar con brusquedad, señalar con el índice, y todo en nombre de lo que sentimos. Pero cada vez que saltamos como si fuéramos un resorte, nos hacemos daño, liberamos cortisol, la hormona de la ansiedad, nos activamos sin necesidad y, lo más grave, solemos dañar a las personas que queremos.

Esta semana te invitamos a que nombres lo que sientes. Pon tu mano con cariño encima de esa parte del cuerpo en la que anida la emoción, permanece con quietud en ese instante conectada a la respiración. No hay nada más importante que este instante de acompañamiento a la emoción. Tu mano puede moverse de forma lenta y con mimo cuidando esa zona, haciendo pequeñas presiones o círculos.

Y piensa que puedes sentir y decidir el valor que esa emoción tiene. Y, sobre todo, apelar a tu sistema reflexivo midiendo las consecuencias de tus actos.

Para entrenar el aprendizaje de **sentir sin reaccionar con brusquedad**, puedes contestar a estas preguntas cuando te encuentres enojada, frustrada, triste, irascible...

- ¿Cómo se llama lo que estoy sintiendo?

  ____

- ¿En qué parte de mi cuerpo lo siento?

  ____

- ¿Qué me lo ha provocado?

  ____

  ____

  ____

- ¿Tiene una solución pacífica, serena, paciente el problema que causa mi emoción?

  ____

  ____

  ____

Respira, fíjate en tu emoción, dale forma dentro de tu cuerpo, rodéala imaginariamente con algún color y visualiza cómo cada vez se hace más y más pequeñita.

Te invitamos a que **dibujes aquí las emociones que sueles sentir con más frecuencia**. Igual eres una persona nostálgica o puede que seas más ansiosa. Elige tres o cuatro, dales forma, la que tú quieras, ponles nombre. Se trata de personalizarlas. Así, cuando aparezcan, será más fácil hacerlas callar.

- «Rabietus, por favor, serías tan amable de dejarme ahora en paz, estoy en medio de esta negociación y me encantaría tener más calma».
- «Calmita, ¿estás por ahí? Te necesito, te invoco. Haz acto de presencia, reina».

SEMANA 11

DELEGA Y PIDE *ayuda*

El autocuidado necesita tiempo. Y si tú te ocupas de todo, no tienes tiempo para ti. Recuerda: **no tienes que hacerlo todo tú**. El control, la exigencia y el perfeccionismo en alto grado generan mucha tensión en ti y en los que te rodean.

Si no pides lo que necesitas, los demás no lo van a adivinar.

Si no delegas, siempre serás la persona responsable de esa tarea.

¿Qué emociones incómodas te genera la idea de delegar?

- «Ansiedad porque no se hará cuando yo quiero».
- «Tengo miedo de perder el control sobre la tarea y el resultado final».
- «Frustración porque nadie lo hace como a mí me gusta».
- «Me da pereza tener que enseñar a alguien».
- «Impaciencia pensando que lo que otra persona tarda en hacer yo lo hago en un pispás».

Es cierto, tú tienes automatizado lo que delegas. Pero lo que es un pispás se acumula a lo largo del día en un montón de pispases. Y puede ser que la suma total de esos pequeños momentos sea un tiempo precioso para tu autocuidado.

Baja tu nivel de exigencia. Elige qué tipo de actividades no necesitan hacerse «perfectas» o exactamente como tú las haces. El pequeño malestar que te suponga que se realicen de otra manera seguro que será compensado por el bienestar de hacer yoga, salir a caminar, quedar con amigas, acostarte antes, leer más o darte un masaje.

Escribe una lista de todo aquello que podrías delegar, profesional o personalmente, y habla con la persona que pueda responsabilizarse de ello, con cariño y amabilidad.

- ✦ ____________________
- ✦ ____________________
- ✦ ____________________
- ✦ ____________________
- ✦ ____________________
- ✦ ____________________
- ✦ ____________________
- ✦ ____________________
- ✦ ____________________
- ✦ ____________________
- ✦ ____________________
- ✦ ____________________

Calcula el tiempo que vas a ganar delegando. Porque ese es el tiempo que ahora ganas para invertirlo en ti.

Dibujemos una preciosa tabla de conversión. Dibuja o escribe a la izquierda la **tarea que delegas** y, a la derecha, dibuja o escribe la **tarea de autocuidado** en la que la has convertido.

- Así, recoger el lavavajillas puede convertirse en un ratito de lectura.
- Ir a recoger a tu hijo dos tardes menos a la semana puede convertirse en tu momento para la actividad física.
  No, no queremos que abandones a tu hijo en su actividad extraescolar, pero sí que pueda responsabilizarse su padre, su otra madre o una mamá a la que tú le recojas a su hijo otros dos días.

Tarea que delegas	Tarea de autocuidado

REGÁLATE ALGO QUE *te cuide*

Gasta dinero en tu autocuidado. Cuando eres madre, padre, pareja... sueles dejarte para lo último. Bajo la excusa de «pero si yo tengo de todo...», «si los niños lo disfrutan mucho más...», «si es que prefiero llevarle esto a mi madre, que le hará muchísima ilusión», dejas de gastar dinero en ti. Es cierto, no hay dinero para todo. Y sueles gastar en función de tus prioridades. Todo lo de tus hijos o tus padres se vuelve más importante que lo tuyo. Si conviertes las actividades, la ropa, los complementos, las aficiones, las experiencias y el cuidado de los demás en prioridades y dejas de hacerlo con lo tuyo, nunca encontrarás el momento de darte ese capricho.

Invierte en ti. Y no te justifiques para evitar sentirte culpable. No hace falta que digas que estás agotada, que tienes una contractura, que necesitas un poco de diversión porque no haces otra cosa que no sea trabajar. Simplemente decide en qué y gasta ese dinero en ti.

Ojo, no es nuestra intención que gestiones tus emociones o tu bienestar con la trampa del consumismo. Nada más lejos de nuestra voluntad. Solo que, igual que gastas dinero en otros, lo hagas contigo con cositas que te cuiden.

Igual, por la falta de costumbre, ni siquiera se te ocurre en qué invertir ese dinero. Nosotras te dejamos esta lista de propuestas para ver si alguna te encaja o te inspira y te lleva a pensar en otras alternativas:

- Entradas para un concierto
- Un musical
- Una función de teatro
- Un buen libro
- Darte de alta en alguna suscripción de revistas
- Ropa deportiva
- Peluquería
- Hacerte el láser
- Un masaje
- Una manicura preciosa
- Un lifting de pestañas
- Una sesión de terapia
- Pagar unas horas de trabajo doméstico
- Algo bonito de papelería
- Un perfume
- Tu plato favorito en tu restaurante preferido
- Una tarde en un spa
- Ese vinilo que te trae buenos recuerdos

- ____________________
- ____________________
- ____________________
- ____________________

¿Te animas a compartir con qué te has dado un **capricho**?

Imagina que tuvieras que regalarle una **mochila de autocuidado** a una amiga a la que adoras, ¿qué meterías dentro de ella? Dibuja tu mochila y escribe al lado o dibuja todo lo que se te ocurra. Deja volar tu imaginación.

Ahora que la tienes dibujada, piensa que lo mismo que se merece ella también te lo mereces tú.

SEMANA 13

DECIR MÁS VECES

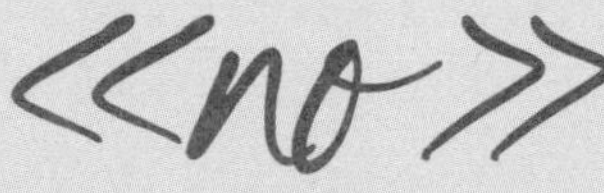

PARA QUE TÚ TENGAS MÁS

Si anteriormente hemos hablado de que el autocuidado necesita tiempo, tendremos que buscárselo. Un ladrón de tiempo es el tiempo, valga la redundancia, que le dedicamos a otras personas. La mayoría de las veces ese tiempo está bien empleado. Es maravilloso y necesario ser de utilidad a otros, participar del bienestar de sus vidas, actuar como tribu. Las personas nos necesitamos. Ser servicial, generoso, entregado, solidario... son valores de los que siempre hablamos y que para nosotras forman parte de la pirámide de la vida.

Pero, otras veces, las personas no te necesitan. Requieren tu tiempo para su comodidad, para sentirse acompañadas, por su dependencia emocional o por muchos otros motivos. **Si continuamente haces prevalecer el tiempo de otros** y sus necesidades en lugar de dar valor a tu tiempo, a tus necesidades y a tu ocio, **nunca tendrás un buen momento para ti**.

Un criterio para saber cuándo decir «no» podría ser «que la comodidad o la ayuda que proporciono al otro no sea mayor que la que yo necesito». Es decir, acompañar a alguien al hospital a realizarse una cirugía porque no tiene a otra persona que lo acompañe es más importante que tu clase de pilates. Pero acompañar a tu hermana a buscar un vestido para una fiesta igual es menos importante que tu clase de pilates.

Piensa esta semana a qué te gustaría **decir que no**:

- ¿Qué dificultad le ves?

___

___

___

- ¿Esa dificultad es asumible?

___

___

___

- ¿A qué querrías dedicar el tiempo que ganas con ese «no»?

___

___

___

Decir «no» es un derecho, pero ojo con las expectativas. No se trata de que te sientas bien al decir «no». Solo de que puedas **sacar un beneficio para tu autocuidado** con lo que ganas al decirlo.

Para tener tiempo para ti tendrás que decir «no» a otras personas. Recuerda **ser sincera cuando des un «no»**. «No puedo acompañarte esta vez de compras. Me gusta ir a mi clase de pilates y no me la quiero saltar. Si no te importa, puedo acompañarte otro día».

Si eres de las personas a las que les cuesta decir «no», **ensaya por escrito posibles respuestas asertivas para que no tengas que pensar qué decir cuando te encuentres ante el dilema**. Aprovecha esta ficha de trabajo para pensar en un «no» que te gustaría dar. Seguro que conoces quiénes son las personas que suelen abusar de tu tiempo en pro de su comodidad. Ensaya aquí la respuesta por escrito. Así estarás preparada para cuando llegue el momento.

SEMANA 14

CUIDA TUS *recuerdos*

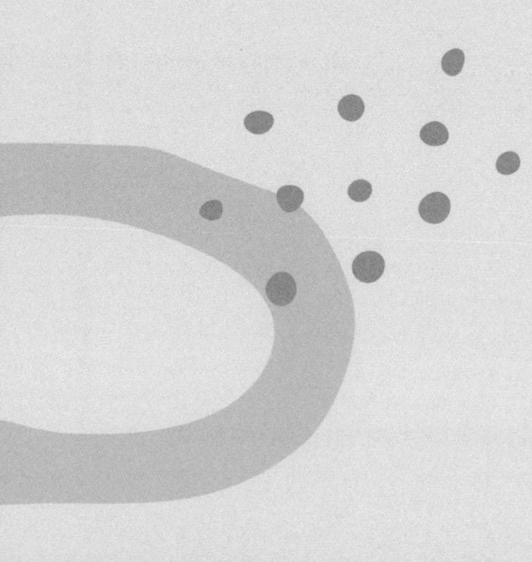

Un artículo de *The New York Times* finalizaba con la frase del famoso chef Thomas Keller diciendo que «al final del día solo nos quedan los recuerdos». Entonces ¿no deberíamos trabajar durante el día para que estos fueran lo más maravillosos posible?

Solemos guardar todo aquello que nos deja huella. Y lo que nos deja huella son las emociones. La vida nos obsequia a diario en cada uno de nuestros caminos. Pero no siempre vivimos con atención plena para poder saborearlos.

Vivir con conciencia implica focalizar en todo lo bello, ser agradecido con esos momentos, incluso fabricarlos. Cuando bajes el telón esta noche trata de recordar y guardar lo mejor de la función. Protagonizar la vida es importante, pero desde la emoción y desde la atención plena.

Tener buenos recuerdos equivale a haber tenido buenas experiencias, vivencias enriquecedoras. Los buenos recuerdos nos hablan. Dicen que esos momentos valieron la pena ser vividos.

Te proponemos llevar un diario en el que apuntes esos **momentos bonitos del día**. Cuando los escribas, haz tres respiraciones conscientes y sonríe como si todo tu ser se llenara de ellos. Porque vivirlos es importante, pero almacenarlos en nuestra memoria y cuerpo es convertirlos en eternos. Escribir nos ayuda a organizar mejor nuestras ideas y a fijarlas en la memoria.

- ¿Qué haces tú a lo largo del día para fabricar recuerdos que valga la pena tener?

___

___

___

- ¿Con qué me quiero quedar de la gente?

___

___

___

- ¿Y de mí mismo?

___

___

___

Dibuja o escribe en esta página momentos de tu pasado que tengas guardados. **Momentos que te hayan dejado una huella amorosa y que no desees olvidar nunca**.

Te ponemos un ejemplo: mi primer medio maratón, llamando en directo a mi familia al entrar en la meta. La crucé con mis hijos en videollamada y fue superemotivo.

SEMANA 15

PRACTICA EL *agradecimiento*

Ser agradecido es algo más que dar las gracias. Las personas que fomentan la gratitud en sus vidas tienen mayores niveles de bienestar emocional, se sienten más satisfechas con lo que las rodea y con su propia vida, dedican menos tiempo a la queja e incluso son más compasivas.

En este mundo consumista, donde la mayoría de las personas actúan buscando el placer inmediato, con una mente cortoplacista que no se conforma con nada y disfruta muy poco de su presente, la capacidad de agradecer lo que cada uno es y lo que cada uno tiene es un valor importante. Agradecer ayuda a darle valor a lo que tenemos. Nuestros «normales» —tener luz eléctrica, agua caliente, comida fresca en todos los supermercados, un móvil de última generación, un sistema de salud envidiable, colegios públicos, seguridad cuando paseas por la calle y un largo etcétera— dejan de tener valor cuando asumimos que son comunes y corrientes. Porque valoramos lo extraordinario, lo que ocurre muy de vez en cuando y lo novedoso. Pero la felicidad y la serenidad cotidianas residen en poder disfrutar de los detalles, experiencias, personas y de todo lo que tenemos en nuestro día a día.

Si por cada momento en el que te quejas, te enfadas, te frustras o anhelas lo que te falta dieras las gracias por todo el bien que te rodea y que tienes, tu vida tendría más equilibrio, tú sentirías menos ansiedad y aumentaría muchísimo tu satisfacción.

Esta semana te vamos a pedir que seas agradecida contigo y con tu vida. Presta atención a lo bien que cocinas, al color de tu piel, a tu agilidad o flexibilidad, a tu capacidad analítica, a lo buena consejera que eres... Tu cuerpo y tu mente están bien, funcionan bien, seguro que tienes trabajo, amigos y familia. No agradezcas solo tenerlos, agradécete lo maravillosa que eres y tu forma de ser, que facilita tener todo eso.

Cada noche puedes escribir tres agradecimientos, y para ello hay que estar presente a lo largo del día. Los estudios dicen que llevar un **diario de gratitud** en el que anotemos todo aquello que agradecemos de nuestro día a día ayuda, incluso a personas con depresión, a sentirse muchísimo mejor.

✦ ______________________________

✦ ______________________________

✦ ______________________________

✦ ______________________________

✦ ______________________________

✦ ______________________________

✦ ______________________________

✦ ______________________________

Y ahora, a la inversa. Si las personas maravillosas que tienes alrededor te dieran a ti las gracias, **¿qué crees que te agradecerían?**

Escribe por favor dos listas.

1. Una que contenga los **valores que te agradecerían**, como tu capacidad de escucha, tus detalles, tu simpatía, tu generosidad...
2. Una segunda lista que contenga **detalles concretos**, como «me invitaste a una comida increíble un día que me sentía fatal», «me acogiste en tu casa cuando me separé», «me acompañaste a una visita médica que me angustiaba y a la que iba a ir sola».

Disfruta de la persona maravillosa que eres y date las gracias por todo lo que haces por los demás.

✦ ________________	✦ ________________
✦ ________________	✦ ________________
✦ ________________	✦ ________________
✦ ________________	✦ ________________
✦ ________________	✦ ________________
✦ ________________	✦ ________________
✦ ________________	✦ ________________

SEMANA 16

APRENDAMOS A *no perseguir*

Respetar el tiempo de los demás te ayudará a entrenar tu paciencia. ¿Te suena eso de mandar un correo electrónico y, al no recibir contestación, escribir un wasap a esa persona para decirle que le has mandado un correo o escribirle por privado en sus redes sociales? «Oye, ¿has visto mi correo? Te he escrito esta mañana». Claro que lo ha visto... o no, pero está haciendo otras cosas y o no puede escribirte ahora o no le apetece en este momento.

La inmediatez y la rapidez de la tecnología, que deberían jugar a nuestro favor, la mayoría de las veces nos esclavizan y nos acostumbran a tener respuestas inmediatas. Que el correo electrónico viaje a una velocidad meteórica hasta la bandeja de tu remitente no significa que esa persona tenga que actuar con celeridad. Solo es una ventaja en la transmisión de la información, no una obligación.

¿No te parece que todas, incluida tú, merecemos tener nuestro tiempo para contestar cuando lo veamos oportuno? ¿Y que atosigar a alguien para recibir una respuesta, salvo que sea un tema puntual y urgentísimo, es presionar y faltar al respeto al tiempo de otra persona?

Hay que **practicar la paciencia y la empatía**. Proponte no funcionar en piloto automático, navegando por la tecnología de ese modo persecutorio que te acelera y estresa. Ten la intención de esperar. Cultivar la paciencia es una manera de cuidarte.

Bórrate toda señal que favorezca el control del estado de otras personas y del tuyo propio. Quítate las señales de aviso azules del WhatsApp, quítate las notificaciones auditivas de la entrada de correos, quítale cualquier notificación a tus múltiples aplicaciones. Saber que no entrará ninguna novedad inmediata en tu móvil te dará muchas ventajas.

- Dejarás de controlarlo y mirarlo tanto.
- Tu cerebro se concentrará mejor sabiendo que ninguna señal visual ni auditiva interrumpirá su proceso de trabajo o disfrute.
- Estarás más presente y consciente en cada actividad.
- Tendrás menos ansiedad.

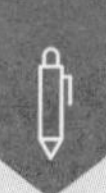

Seamos creativos esta semana y reinventemos refranes con el concepto de paciencia.

- «A quien madruga la paciencia lo ayuda».
- «En paciencia encontrada no entran ansiedades».
- «Cuando la paciencia entra por la puerta, las prisas saltan por la ventana».

¿Podrías tunear tus cinco refranes con la palabra «paciencia»?

SEMANA 17

ríe, A SER POSIBLE a carcajadas

La risa relaja el sistema nervioso simpático. Esta virtud la convierte en una respuesta antagonista a la de la ansiedad. La risa relaja los músculos, que son los que rápidamente se activan cuando nuestro cerebro da la señal de alarma.

El Dr. William Fry —el «doctor del humor»— define la risa como una «experiencia orgánica total» en la que participan todos los principales sistemas, como el muscular, el nervioso, el cardiaco, el cerebral y el digestivo.

La investigación relaciona la risa con soportar mejor el dolor, con la mejora de las relaciones personales, con tener una comunicación más fluida, con una percepción más realista de los problemas, mayor tolerancia a la frustración y con vivir de forma plena. Las personas que ríen más manejan mejor sus tensiones negativas y perciben los conflictos y las «malas rachas» como pasajeros, en lugar de como hechos amenazantes con tiempo ilimitado.

A las personas que ríen y que muestran un bonito sentido del humor se las percibe como relajadas, divertidas, energizantes, incluso inteligentes. Nos gusta estar cerca de personas que nos hagan reír.

¿Cómo puedes trabajar la risa?

- ✦ Rodéate de gente divertida que quiera contagiarte de optimismo y ganas de vivir. Todos tenemos malas noticias y problemas, pero estar hablando continuamente de ellos no es la solución.

- ✦ Déjate llevar y desinhíbete. A veces da miedo o vergüenza reír a carcajadas. Troncharse es genial.

- ✦ Busca material divertido: series, películas, monólogos, literatura.

- ✦ Recréate en los recuerdos positivos de tu vida. ¿Recuerdas la última carcajada? Si la recuerdas, verás lo fácil que es volver a sentirte bien, seguramente ahora mismo estás esbozando una sonrisa con el mero recuerdo.

- ✦ Contémplate a ti y tus problemas desde un punto cómico. ¿De verdad que todo tiene tanta trascendencia? ¿Mañana seguirá siendo así de importante? Si lo observas con los ojos de un optimista o de un cómico, ¿podrías ver las cosas de forma diferente?

No hay nada más desternillante que un buen chiste. **¿Recuerdas qué chiste te hizo reír a carcajadas, incluso llorar?** Escríbelo por favor en esta página para que nunca se te olvide. ¡¡¡Y cuéntaselo a alguien ya!!!

¡ja, ja, ja!

SEMANA 18

NENA, *tú vales mucho*

¿Alguna vez tu abuela te dijo: «Hazte valer»? Nos encanta esta expresión. Tiene mucha profundidad. Al margen de la moralidad de la época de nuestras abuelas, con estas dos palabras nos transmitían que todas **somos valiosas, que somos maravillosas, que nos tenemos que hacer respetar** y que, para eso, lo primero es que te lo creas tú. «Hazte valer» porque tú, mujer maravillosa, tienes valor. Eres una mujer valiosísima.

Conocer tu valor, y esto incluye un respeto absoluto hacia tu forma de ser, te da seguridad y confianza. Si no te sientes valiosa o no sabes dónde reside todo lo maravilloso que llevas dentro, ¿cómo vas a presentarte ante los demás, ante tu trabajo, ante la vida?

Un ejercicio que puede ayudarte a tomar conciencia del valor que tienes es **analizar tus logros** de forma interna, desde lo que tú has construido y cómo has participado en ellos. Piensa en un éxito que hayas tenido. No tiene por qué ser profesional. Puede ser personal, social... y contesta por favor a estas preguntas.

- Logro/éxito:

  ____

- ¿Qué dice este logro de ti como persona? «Soy valiente, soy buena, soy capaz, soy esforzada, puedo parar, soy creativa, soy cariñosa, soy detallista, puedo hacerlo diferente, soy flexible».

  ____

  ____

- ¿De qué manera participaste en este logro? «Tuve la iniciativa, llamé yo, analicé con rigor, me atreví, perdí la vergüenza, me expuse, tuve paciencia».

  ____

  ____

- ¿Qué emoción sientes cuando te describes así? «Orgullosa, tranquila, aliviada, esperanzada, en paz...».

  ____

  ____

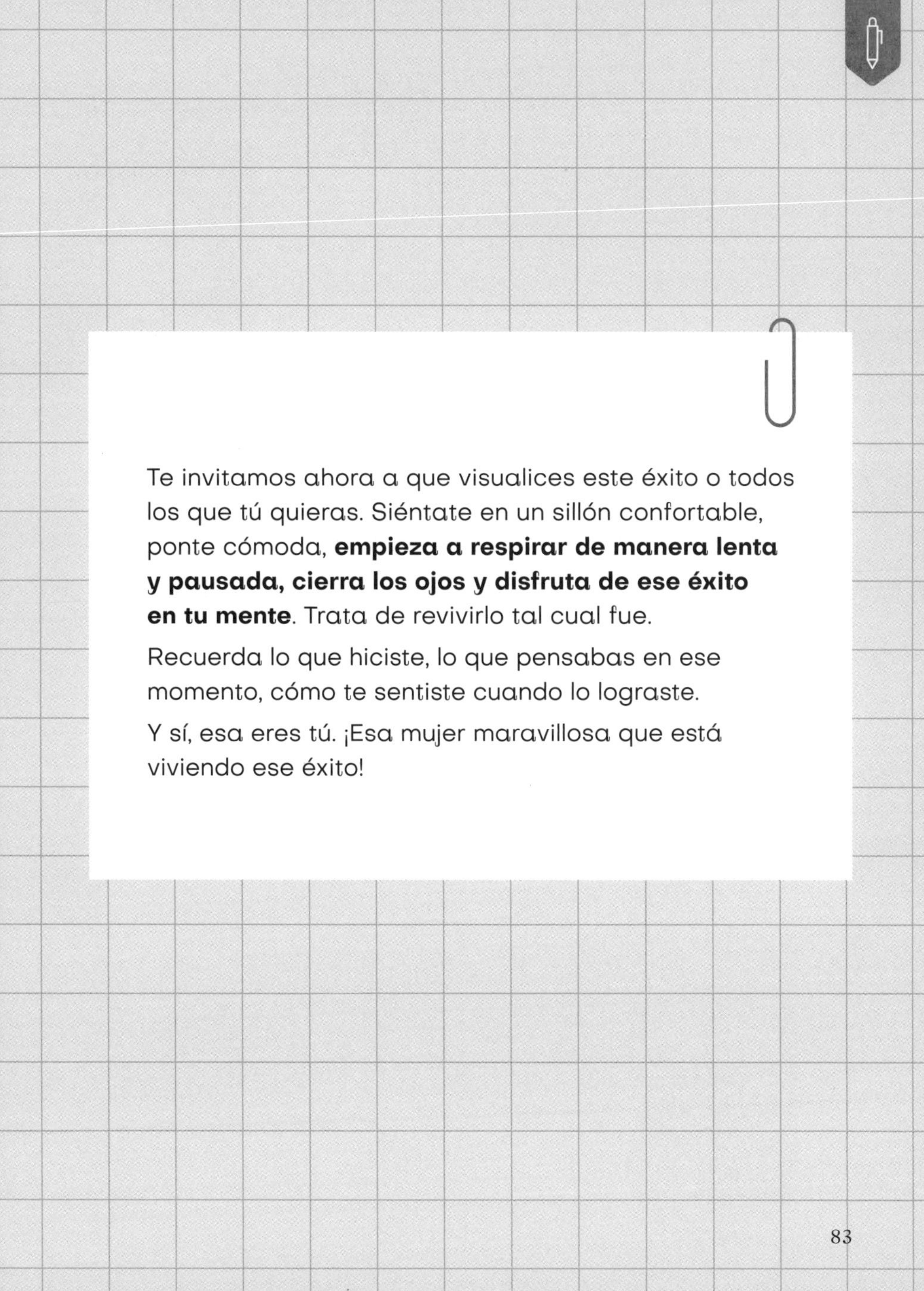

Te invitamos ahora a que visualices este éxito o todos los que tú quieras. Siéntate en un sillón confortable, ponte cómoda, **empieza a respirar de manera lenta y pausada, cierra los ojos y disfruta de ese éxito en tu mente**. Trata de revivirlo tal cual fue.

Recuerda lo que hiciste, lo que pensabas en ese momento, cómo te sentiste cuando lo lograste.

Y sí, esa eres tú. ¡Esa mujer maravillosa que está viviendo ese éxito!

SEMANA 19

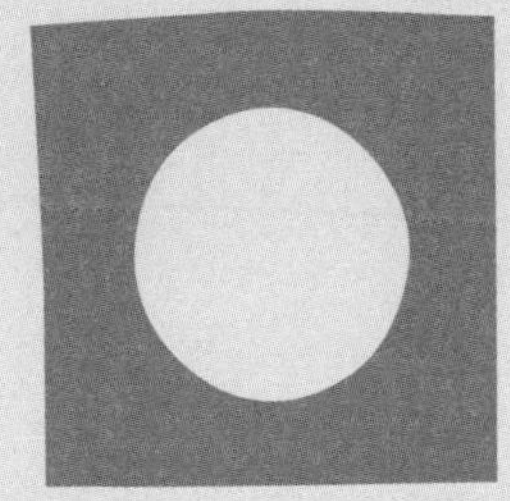

DECIDE CUÁL ES *tu cultura financiera*

Hay muchos aspectos sobre la gestión de la vida cotidiana que no encontrarás en los centros de formación, como colegios o universidades. No nos enseñan a gestionar emociones, a comunicarnos de modo elegante, a gestionar nuestro tiempo o tener una cultura financiera. Lo terminamos aprendiendo de lo que hemos visto en casa o de lo que aprendemos de amigos, parejas y, hoy en día, de los tutoriales de YouTube. Pero si rondas nuestra edad, veinte años arriba, veinte años abajo, la costumbre de ser autodidacta y buscar soluciones de la vida cotidiana en YouTube no ha estado en nuestra metodología. Así que solemos actuar por ensayo y error.

Parte del autocuidado pasa por cuidar tus finanzas. Una buena gestión de tu economía es muy importante para poder vivir con dignidad y tranquilidad. Ir ahogados de dinero es una forma de sufrimiento.

¿Sabes cuánto gastas cada mes con tus tarjetas? ¿Tus gastos sobrepasan tus ingresos? ¿Tienes muchos gastos aplazados? ¿Tienes claro si haces uso de todo lo que tienes domiciliado, seguros, teléfonos, aplicaciones del móvil de pago, plataformas de televisión, música, etc.?

Durante esta semana te animamos a **poner en orden tus cuentas**, conocer cuál es la deuda acumulada en tarjetas, cancelar cuentas o tarjetas que no utilizas, hacer un plan de ahorro, ver dónde puedes recortar o dónde puedes generar más.

Coge tu libreta de autocuidado —si no la tienes, es el momento de hacerte con una— y anota todo. Estos temas a veces son aburridos, desagradables, tediosos y largos de solucionar en el tiempo. Igual por ello, en lugar de dedicarles solo una semana, necesitas resolverlos poco a poco a lo largo de más tiempo. Pero lo importante es iniciar esta misma semana los trámites.

Anota en esta libreta los ingresos y los gastos, aunque no tengan un orden lógico. Solo el hecho de escribir sobre ello ya ordena algo que hasta ahora era poco concreto.

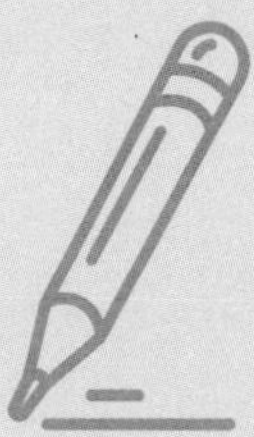

Una vez leímos en un libro de coaching —*Coaching para el éxito*, de Talane Miedaner— que había que ahorrar cada mes un 10 por ciento de lo que generamos con nuestro trabajo. Y que con esta fórmula siempre tendríamos un colchón que nos permitiese afrontar desde la tranquilidad algún imprevisto importante o hacer frente a una situación de pérdida de trabajo.

No todo el mundo puede permitirse el lujo, por lo menos en España, de ahorrar el 10 por ciento de lo que gana. Pero sí podemos intentarlo con pequeños gestos.

Te invitamos a realizar ese ejercicio. **Compra una hucha que no pueda abrirse**, que tan solo tenga ranura de entrada. De esas que tienes que romper, como un cerdito de cerámica, para poder sacar lo ahorrado. Y **ve reservando con regularidad**, prescindiendo de frivolidades, detalles, compras compulsivas que realmente no necesitas. Es importante que introduzcas dentro de la hucha la **cantidad exacta** de lo que has ahorrado y lo **anotes en una libreta**.

Por ejemplo, imagina que venías de vuelta a casa paseando y se te antoja una chocolatina. Decides no comprarla, más por el ahorro que por lo poco saludable que pueda ser. Al llegar a casa, mete en la hucha el dinero y anota en tu libreta de ahorros la fecha, el producto o servicio que no has comprado y el precio exacto. Verás que dentro de unos meses cuentas con un dinero que no esperabas. Y cuando tú lo decidas, destina ese dinero a una experiencia enriquecedora.

SEMANA 20

DESHAZTE DE LO QUE *te perjudica*

Autocuidado supone tanto hacer como dejar de hacer. Fumar, beber alcohol, dormir poco, trabajar en exceso, vivir en un ambiente muy desordenado, la comida insana, las compras compulsivas, el abuso de la tecnología... La mayoría de estas conductas la hemos automatizado. Supone realizarlas sin pensar. Están insertadas en nuestras rutinas, nos calman, nos proporcionan placer inmediato, en ellas encontramos un atisbo de bienestar, relajación e incluso algo de ilusión.

Muchos de estos placeres inmediatos que anestesian emociones no casan con el autocuidado y el respeto hacia nuestra salud integral.

Esta semana te invitamos a anotar aquello que **te resta energía**, aquello que sabes que **no gusta a una parte de ti** y que hace tiempo que tienes como «pendiente de cambio». Escribe una lista —aunque ahora te parezca imposible dejar de hacer alguna de estas rutinas nocivas— sobre de qué podrías empezar a desprenderte que te ayudara a respetar más tu cuerpo y tu mente. Y añade detrás de cada una el beneficio que percibirías si no la tuvieras en tu vida.

Mira estos tres ejemplos:

Dejar de fumar. Si dejara de fumar tendría mejor salud, podría sentirme mejor haciendo deporte, ya no me asfixiaría con nada, mi casa olería mejor, mi aliento olería mejor, mis dientes estarían más blancos y cuidados, ahorraría dinero, reduciría la posibilidad de sufrir cáncer de pulmón, garganta, lengua...

Dejar de ponerme cinco alarmas para despertarme. Ganaría tiempo y serenidad por la mañana.

Dejar de pegarme atracones de series de cinco horas los fines de semana. Dejaría de sentirme mal conmigo misma, de tener la sensación de andar perdiendo el tiempo y que dejo de lado las cosas de la casa u otras actividades, como leer, ordenar... que me satisfacen más, pero que requieren un esfuerzo que en ese momento me cuesta gestionar.

En esta te lo vamos a poner muy fácil. Trabajamos sin prohibiciones. No te prohíbas fumar, no te prohíbas ver la tele el fin de semana, no te prohíbas nada. Solo trata de sustituir. **Sustituir una conducta nociva por otra que cuide de ti, sin querer cambiar todo de golpe**.

Por ejemplo, podemos sustituir ese cigarro que tampoco te apetece tanto: igual es el cigarro que fumas de modo automático porque estás hablando por el móvil y lo tienes asociado a esta acción. Busca una conducta alternativa, coge un bolígrafo y juega con él mientras hablas por teléfono. Ponte los auriculares y haz anotaciones de lo que estás hablando o pequeños dibujos. Mientras escribes o dibujas no podrás fumar. Te habrás entretenido y puede que no eches de menos ese cigarro que automáticamente te encendías solo porque sonaba el teléfono.

Ahora elabora tú tu propia propuesta de alternativas de autocuidado que dificulten tu rutina nociva.

SEMANA 21

HONRA *tus valores*

Esta semana la vamos a dedicar a los valores, un tema importantísimo para nosotras. Los valores son tu guía, el eje transversal de tu vida. Son muchas las personas que nos escriben por redes sociales preguntándonos que cómo pueden saber ellas cuáles son los valores importantes de sus vidas. Nunca es tarde para empezar a reflexionar sobre ellos. No estás tan perdida como crees. Seguro que, si abres internet y escribes en el buscador «listado de valores», vas a identificarlos rápidamente y verás cuáles compartes y cuáles no. Seguro que lo tienes muy claro, pero no estamos acostumbradas a dedicarles tiempo.

Reflexionar sobre valores, hablar de ellos con otras personas ayuda a vivir con coherencia y honestidad. Y te facilitará muchísimo todas las decisiones que tengas que tomar en tu vida. Desde decisiones pequeñas a grandes decisiones que cambian tu vida.

Escribe cinco valores que sean importantes para ti.

Ordénalos por orden de preferencia. Es decir, el orden en el que deseas trabajarlos esta semana. Elige un valor por día y decide con intención honrarlo esta semana con diferentes acciones. Para ello necesitas redactar distintas acciones que honren el valor. Nosotras te proponemos unos cuantos:

- Esfuerzo
- Respeto
- Compasión
- Paciencia
- Valentía

Describe a continuación distintas acciones del valor que hayas priorizado que puedas poner en práctica en tu día a día. Mira nuestro ejemplo:

Esfuerzo

1. Ir al gimnasio al mediodía.
2. Contestar a los correos que llevo postergando días.
3. Irme antes a la cama, a pesar de lo adictiva que es la serie.
4. Dejar la cocina recogida por la noche.
5. Levantarme media hora antes para prepararme comida para el trabajo. Así podré comer algo saludable y ahorrar dinero.

SEMANA 22

visualiza EL PLACER ANTICIPATORIO

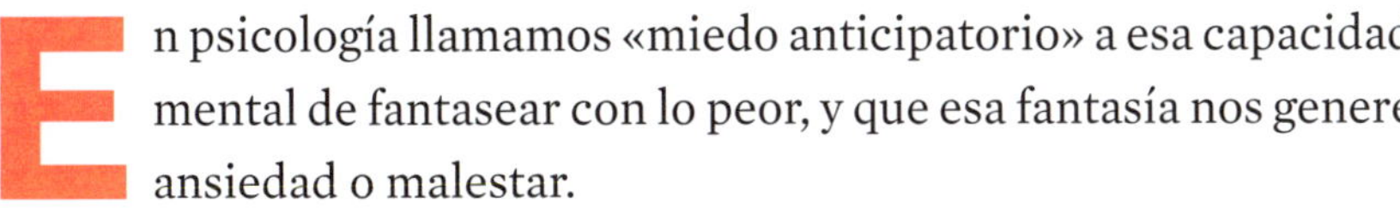

En psicología llamamos «miedo anticipatorio» a esa capacidad mental de fantasear con lo peor, y que esa fantasía nos genere ansiedad o malestar.

¿Y si lo hacemos al contrario?

Podemos fantasear con placeres, con cómo deseamos vivir las situaciones, cómo deseamos enfrentarnos a nuestros miedos. Imaginar lleva a que el cerebro crea que lo imaginado está ocurriendo. Y esto motiva y da seguridad y confianza.

Describe acto seguido la situación que te gustaría vivir de forma relajada, disfrutando, con valentía, con seguridad.

Anota en esta hoja todo lo que envuelve la situación. ¿Cómo es el lugar? ¿Estás sola o compartes actividad con alguien? ¿Temperatura, olores, sonidos? ¿Qué llevas puesto, te sientes cómoda con ello? ¿Qué tienes que hacer, decir? ¿Vas a interactuar con alguien? ¿Tienes que conseguir algún resultado?

Ahora te invitamos a que cierres los ojos, te sientes de forma relajada en un lugar donde no puedan molestarte y disfrutes de lo que has escrito. Respira calmadamente dejando que entre el aire por la nariz y salga con lentitud por la boca.

Cuando termines y abras los ojos, por favor, **dibújate en esta página y anota alrededor de ti todas las sensaciones buenas que hayas experimentado**.

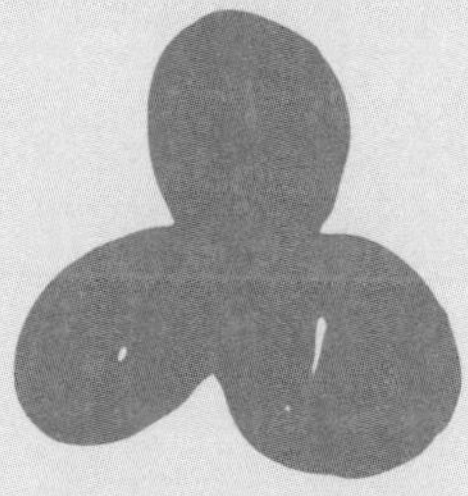

deshazte EN TU CASA DE LO QUE *te quita paz*

Toma conciencia. Cuando estés en casa te invito a que conectes con las sensaciones que te produce ver aquello que te incomoda. ¿Son agradables, desagradables o neutras?

Tu casa refleja tu vida, tu parte personal, sentimental, emocional, laboral, social, familiar... Cuando hay suciedad, desorden o exceso de cosas se despliega una energía negativa que te afecta a ti y a las personas con las que convives o vienen de visita.

No saber qué se tiene, vivir en el desorden y no encontrar las cosas estresan y activan el malhumor y la queja. Y esto repercute en las distintas facetas de tu vida.

El «ruido visual» es cualquier elemento que, por su tamaño, color, textura, forma... distrae, es desagradable, incómodo a la visión de un espacio, perturba el sentir, desconcentra y dificulta la comunicación. Cada cosa tiene un lugar y hay un lugar para cada cosa. Cuando ordenas, también te ordenas tú. Activas la calma y seguridad.

- Elige un espacio que desees limpiar u ordenar: una habitación, un armario o un cajón.
- Clasifica entre guardar, donar, vender, reciclar o desechar.
- Guarda las cosas en los lugares que corresponden.
- Decide qué cosas del pasado no te representan. Ten cuidado con la nostalgia. Nos lleva a acumular de más.
- Redecora espacios con colores, tamaños, texturas, plantas, muebles funcionales, luces, que transmitan serenidad, equilibrio y orden para estar a gusto.
- Saca algo de casa cada día, ya verás qué placer. Acumulamos y amontomanos cosas innecesarias.

Antes de volver a comprar algo, pregúntate: «¿Lo necesito?», «¿Tengo que comprarlo?». Y date una semana para tomar una decisión. El consumismo puede confundir una necesidad con una compra caprichosa. No necesitas tenerlo todo a pesar de que el espacio del que dispones y tu economía te lo permitan.

Te proponemos que te despidas de esas cosas que a diario vas a sacar de tu casa y de tu vida. Dales las gracias, como propone Marie Kondo. Dáselas con amor, con compasión o con humor, pero deshazte de ellas.

Puedes escribir en esta hoja tus despedidas. Estos son algunos ejemplos.

- «Adiós, chocolatera, has sido el gasto más tonto de mi vida, pero, aun así, te deseé con todo mi corazón».
- «Querida braguita cómoda de algodón, que estás dada de sí, te llevaría conmigo al fin del mundo, pero eres la antilujuria, así que *bye, bye*».
- «Adiós, amor, ocupas demasiado espacio en mi cama y me das calor». (Despedida de una menopáusica a su edredón... ¿o qué habías pensado? ☺).

SEMANA 24

CARTA DE *agradecimiento* A MÍ MISMA

Si fueras tu mejor amiga... ¿qué carta de agradecimiento te escribirías?

Solemos hablar mejor de los demás y ser más amables si lo comparamos con lo que hablamos o somos con nosotras mismas. Incluso los demás nos parecen mejores, más fuertes, más capaces, más hábiles o más seguros. No te sientas de menos por ello, lo mismo les ocurre a los demás con respecto a ellos mismos.

Hablar bien de tu persona no dice nada malo de ti. Tenemos interiorizado que hablar bien de uno mismo es faltar a la humildad, fomentar el egocentrismo y soberbia. Para nada. Reconocer tus talentos, habilidades y valores te otorga una visión positiva de ti misma que te ayudará a cuidar tu autoestima y amor propio.

En esta semana te proponemos que te escribas pausadamente la carta que crees que podrías recibir de una amiga que te adora.

Empieza por escribir todas esas cualidades tuyas que debería contener la carta, a modo de guion:

- Bondadosa
- Buena amiga
- Disciplinada
- Risueña
- Habilidosa
- Agradecida
- Creativa
- Habladora

Hazte con un papel bonito o tu libreta de autocuidado. Elige un soporte donde te apetezca escribir. Usa tu pluma o bolígrafo preferido, ese utensilio que te encanta cómo escribe porque resbala cuando lo usas. Enciende unas velas, ponte tu música relajante favorita. Y durante un tiempo **escríbete esa carta desde el amor y la compasión**.

SEMANA 25

DECORA O *redecora*

La corriente *housewarming*, traducido como «calentar la casa», entiende que un hogar ordenado, limpio, con luz natural, decorado a tu gusto, favorece que estés cómoda y disfrutes de tu casa. Es importante vivir en un hogar que sientas hecho a tu medida, un lugar seguro en el que te apetezca estar.

No se trata de cambiar todos los muebles y gastarte un dineral en una nueva decoración. Pero sí puedes ir, poco a poco, sustituyendo esos muebles que no te gustan, comprando menaje de hogar con el que disfrutes a la hora de cocinar o comer. Añade también detalles como velas, aromas, flores, plantas... Se trata de vivir en un hogar que te inspire armonía. Ten en cuenta también la luz. Puedes conseguir darle mucha más calidez cambiando las bombillas.

Manos a la obra. Ponte en plan «interiorista» y fantasea con cómo sería tu cuarto de baño, cocina, dormitorio, salón, etc. deseados. Puedes inspirarte en todas esas cuentas preciosas que encuentras en redes sociales. Anota todo en tu libreta de autocuidado. No para realizarlo esta semana, sino para tenerlo pendiente sin que se te olvide. A nosotras hay muchos detalles para el hogar que nos gustan, así que nos hemos abierto una carpeta en la galería del móvil en la que vamos guardando ideas, enlaces, fotografías y, además, anotamos en nuestra libreta aquello que tenemos que comprar para cuando las circunstancias lo permitan.

Si crees que te faltan ideas, fíjate en la cantidad de cuentas que tienes en Instagram, en las que, además del tipo de muebles, lo que nos atrae son esos detalles, como velas en el suelo, una manta bonita en el sofá, una manualidad bien enmarcada, una foto, algo reciclado...

Elige el lugar de la casa que más te apetezca cambiar para darle un toque personal. Incluso si vives en un piso de alquiler, tienes derecho a sentirlo como tu hogar.

Esta semana hazte con material para pintar una pared, reciclar un mueble, enmarcar un dibujo o una foto, comprar unas velas, poner luces led a una botella aprovechada... Disfruta del proceso y del momento. Tanto si lo realizas tú como si lo compras.

Una vez termines, admira tu rincón, agradece el tiempo y el dinero invertidos en este pequeño cambio que ahora te permite disfrutar más de tu hogar.

SEMANA 26

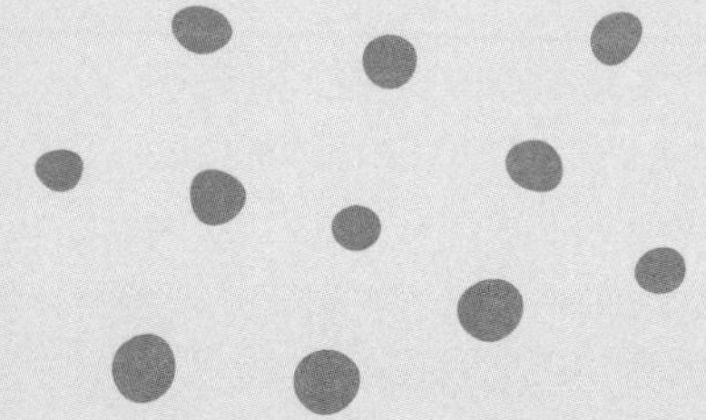

PENSAMIENTOS *ganadores*

Hay pensamientos perdedores y pensamientos ganadores. Esto quiere decir que **hay pensamientos que nos ayudan, suman, nos empujan, nos empoderan, nos permiten crecer y confiar en nosotras** y, al contrario, otros pensamientos con los que nos infravaloramos, nos hacen sentir más vulnerables y despiertan nuestros miedos e inseguridades.

En la semana 5 hicimos hincapié en la necesidad de hablarnos desde el respeto, el amor y la compasión. En este consejo te animamos a dar un paso más allá. Imagina que eres una deportista de alto rendimiento, una deportista de élite, vas a competir, es tu momento, toda la ayuda es poca y tienes que confiar en ti. Tus pensamientos pueden ser dudas o motivaciones.

Y lo cierto es que todas las personas somos deportistas o personas de élite. Te necesitas fuerte, capaz, poderosa. Y para ello tu mente debe sentirse poderosa, ágil, fuerte, resolutiva.

Escribe cada día de la semana un pensamiento ganador, no necesitamos que te los creas, solo que los escribas y que te los repitas a lo largo del día... a ser posible empezando a primera hora de la mañana, delante del espejo a voz en grito:

- «¡Puedo hacerlo!»
- «¡Mi mente es poderosa!»
- «¡Es posible!»
- «¡Mi cuerpo es brutal!»

Toma conciencia de cómo te hace sentir cada uno de estos pensamientos. Anótalo. **Apunta lo que sientes y lo que consigues**. Desde el pensamiento ganador nos sentimos capaces de luchar por lo que merecemos.

Mira estos ejemplos:

- «Mi cuerpo es capaz, estoy fortísima» → cuando me repito esta idea corriendo, venzo el cansancio, me vengo arriba y disfruto mucho más de mi trote.
- «Va, va, va» → esta repetición me ayuda a motivarme con las cosas que me dan pereza. Me lo grito a mí misma y me pongo las pilas. Suelo acompañar las palabras de tres palmadas, y es un subidón.

SEMANA 27

HOY SALGO *a vivir*, A VIVIR DE FORMA *plena*

Vivir de forma plena implica estar presentes en el aquí y el ahora con todos los sentidos. Pero la realidad es que casi la mitad del tiempo diario, desde que suena el despertador, las personas se pierden en asuntos del pasado y del futuro. Si no hacemos nada, los problemas y las responsabilidades secuestran la mente y el cuerpo. Este modo de vida nos aleja de lo que verdaderamente importa, de lo que realmente es, del disfrute, de las relaciones profundas, de la escala de valores. Y, además, fomenta el malestar, la culpa y la ansiedad entre otros síntomas. Estar en piloto automático nos desconecta del mundo interior y del exterior.

Para vivir de forma plena y presente necesitamos parar y tomar conciencia. Desde ella podemos crear una ruta del día que fomente un bienestar acorde a cómo queremos y necesitamos vivir.

La idea es no resignarse ni abandonarse a formas de vida que no nos representan y activar el modo «me responsabilizo de mi vida».

Esta semana te invitamos a ser observadora de tu día. Sé consciente de las veces que te desconectas de lo que estás haciendo, como en los siguientes escenarios:

- Cuando estás en la ducha.
- En los desplazamientos andando o en medios de transporte.
- En las esperas como salas de centros médicos, colas en los establecimientos o en las actividades extraescolares.
- En tu ámbito laboral, concretamente en reuniones.
- Cuando estás con tu familia en la mesa o en el sofá.

¿Qué has descubierto? ¿Cómo te sientes? ¿Qué piensas? ¿Cómo te propones salir a vivir más plenamente?

____

____

____

____

____

____

____

Dos de las actividades que invitamos a hacer a nuestros pacientes al finalizar el día son reconocer tres cosas que hayan vivido de forma positiva y dar las gracias por algo.

Pongamos nuestros sentidos en modo ON. Aprende a valorar un atardecer, una conversación amable, una muestra de cariño, tener un rato para descansar tras la comida.

Tres cosas que he vivido de forma positiva:

- ✦ ______________________
- ✦ ______________________
- ✦ ______________________

Tres cosas que agradezco:

- ✦ ______________________
- ✦ ______________________
- ✦ ______________________

¿Empiezas a VIVIR en mayúsculas?

SEMANA 28

mensajes EN UNA BOTELLA

Esta semana vamos a escribirle a nuestro yo del futuro y a nuestro yo del pasado. Es un acto de conexión, compasión, esperanza, resiliencia y agradecimiento. Pero, además, contribuye a que busquemos ayuda si la relación y el diálogo interno son dañinos y nos condicionan para mal.

Cuando escribes a tu yo pasado:

- Revisas momentos vividos con más experiencia y saber lo que ya pasó permite verlos con nuevos ojos.
- Fomentas la compasión, validando lo que sentías y reconociendo que lo hiciste lo mejor que sabías en ese momento.
- Reconoces fortalezas, logros, aprendizajes..., y aceptas que los errores son parte de la vida.

Cuando escribes al yo del futuro:

- Clarificas y priorizas lo que quieres en tu vida reflexionando sobre tus emociones, sueños, dificultades actuales...
- Fomentas el compromiso, escribes, reflexionas y empieza a estar más presente en tu mente.
- Alimentas la esperanza, relativizando y sabiendo que lo que te afecta ahora no va a durar toda la vida.

Te invitamos a ser más compasiva con tu yo del pasado y más esperanzada con el yo futuro.

Para tu yo pasado:

- ¿Qué pensabas de ti misma?

  ___

- ¿Qué querías lograr?

  ___

- ¿Cómo afrontaste tus desafíos?

  ___

Para tu yo futuro:

- ¿Cómo has cambiado en diez años?

  ___

- ¿Qué has aprendido del amor y la amistad?

  ___

- ¿Cómo han cambiado tus valores?

  ___

Ahora te proponemos que busques dos botellas donde poder meter papelitos. En los papelitos vas a escribir mensajes de apoyo, gratitud, perdón y comprensión.

Para inspirarte:

«No era perfecta ni tenía que serlo».

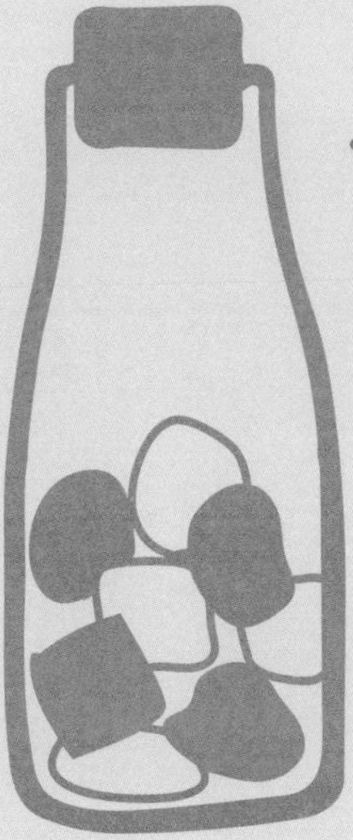

«Lo hice lo mejor que pude».

«Gracias por protegerme».

«No me correspondía a mí esa responsabilidad».

«Confío en mí y decido disfrutar del camino».

«Lo que dicen los demás de mí no tiene más valor que yo misma».

«Cuidarme y disfrutar de lo que me sienta bien es una de mis prioridades».

«No vale todo a cualquier precio».

En diez años vuelve a estas botellas.

SEMANA 29

¿QUÉ NOS SIENTA *bien* CUANDO ESTAMOS *mal*?

Cuando estamos mal es cuando más nos necesitamos. Pero puede que no sepamos acompañarnos. A veces las emociones son tan intensas que no nos dejan pensar con claridad. No sabemos decidir qué hacer o dejar de hacer que nos ayude y fomente el bienestar. Se tiende a ir a lo fácil, a buscar de forma inmediata cosas fuera para calmar cosas dentro. Pero no de las buenas: abuso de redes sociales, sustancias tóxicas, exceso de tecnología, compras sin control, pornografía, atracones...

Estar mal es estar triste, ansiosa, frustrada, rabiosa, confundida... y ello condiciona el día, las decisiones y las relaciones. Cada persona, como únicas que somos, puede y sabe cómo acompañarse. Pero para ello hay que conocerse, reflexionar y practicar.

Como psicólogas fomentamos la práctica de actividades que estimulen serenidad, regulación, seguridad, calma y disfrute. ¿Qué nos sienta bien cuando estamos mal? Un rato de silencio, escuchar música, leer, una poesía, contemplar el amanecer, jugar a algo, una ducha, cuidar una planta, acariciar a nuestro amigo perruno, tomar el sol, pasear... Conocernos y tener estos apoyos para ser y hacer nos transmiten la idea de que podemos hacer algo en esos momentos difíciles y no abandonarnos a ellos.

Esta semana te invitamos a **escribir un listado de todo aquello que sueles hacer cuando estás mal**. Te va a ayudar a tomar conciencia y cuestionar si todo lo que haces fomenta el bienestar o es solo una manera de cortocircuitar temporalmente las emociones.

Recuerda que esta lista es personal. Lo que le sirve a una persona no tiene por qué servirle a otra por distintas circunstancias. Así que los consejos, aunque sean con buena intención, no siempre funcionan.

Ahora divide la lista en dos: **las que son fuentes de bienestar y las que me calman de forma engañosa**.

Pon nombre a la lista que es fuente de bienestar tipo «Mi botiquín emocional», «Porque yo lo valgo», «Mi equipo» y tenla presente en tu día a día.

- ✦ ____
- ✦ ____
- ✦ ____
- ✦ ____
- ✦ ____
- ✦ ____
- ✦ ____

Es importante ver que en tu lista de recursos quizá todo sea conocido y los hayas experimentado con mayor o menor intensidad. Pero existen otros que desconoces, aunque pueden ser muy beneficiosos. Y esto requiere tu flexibilidad y práctica.

Crea esa **lista de acciones, palabras de aliento** que te gustaría probar como *mindfulness*, yoga, escribir un diario emocional, etc.

CUIDA TU *postura corporal*

La información propioceptiva, aquella que va desde nuestros músculos y sentidos hasta el cerebro, informa a este de cómo nos sentimos.

Cuidar nuestra postura corporal es cuidar de nuestras emociones.

Una espalda erguida, una cabeza alta o el contacto ocular pueden ayudarte a sentirte más segura y empoderada. Una postura relajada, caminar, comer o hablar más despacio nos dan serenidad y paz.

Cuerpo y mente van unidos. Las emociones están profundamente conectadas al cuerpo, las sentimos en el cuerpo y en la mente. Nuestra postura corporal afecta incluso a la química de nuestro cerebro, como lo demuestran diferentes investigaciones.

Compartimos contigo posturas corporales con las emociones relacionadas:

Hombros tensos y elevados hacia las orejas
Indica ansiedad, estrés, miedo

Sentarse con las piernas encogidas hacia el pecho
Indica vulnerabilidad, tristeza, miedo

Pies inquietos o movimientos constantes en las piernas
Indica nerviosismo, impaciencia, ansiedad

Cuerpo relajado, con movimientos suaves y fluidos
Indica calma, relajación, seguridad, alegría

Brazos abiertos y movimientos amplios al hablar
Indica entusiasmo, confianza, pasión

Cuerpo echado hacia atrás con brazos detrás de la cabeza
Indica relajación, confianza, seguridad, superioridad

¿Te has reconocido en alguna de las posturas?

¿Consideras que alguna es habitual en ti?

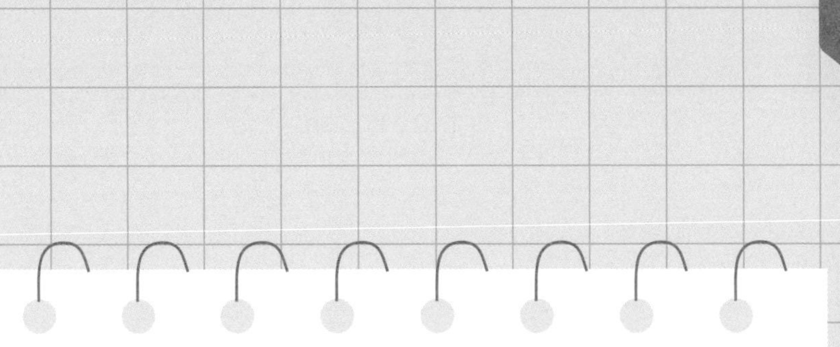

Toma conciencia de tu postura y cámbiala.

Te proponemos que en diferentes momentos del día hagas pausas para evaluar cómo estás sentada o como te tienes en pie. Puedes decirte «ahora» y congela tu postura.

- Cómo están tus hombros ¿tensos o caídos?
- Y tu espalda ¿está recta o encorvada?
- ¿Tu cabeza está inclinada hacia delante o en vertical, alineada con tu columna?
- ¿Tenías algún movimiento repetitivo de alguna zona de tu cuerpo?
- ¿Alguna postura que te sugiera que no es la correcta?

Respira suave, lento, profundo y ajusta la postura para sumar bienestar.

SEMANA 31

mindfulness EN LA DUCHA

Esta semana aprendemos a estar presentes mientras nos duchamos. «*Mindfulness* en la ducha» **significa poner atención a tus sentidos mientras te bañas** sin estar pendiente de qué tienes que hacer a lo largo del día. Date una ducha siendo consciente de la temperatura, el olor del jabón, el sonido del agua, la presión... Recuerda que **estar presentes en actividades sencillas y cotidianas nos aporta bienestar**.

Mindfulness es la capacidad de estar presentes en el aquí y el ahora, con atención plena y sin dejarnos llevar por los juicios. No es solo una herramienta, sino un estilo de vida. La vida acelerada, la hiperestimulación y la tendencia del cerebro a anticipar y protegernos de la amenaza fomentan la desconexión, el piloto automático y estar más pendiente del pasado y del futuro que del presente.

La ducha consciente como actividad informal.

1. **Pon atención plena a las sensaciones**. Siente la temperatura del agua sobre ti, en tu piel y cuero cabelludo, la textura del jabón en tus manos, tu cuerpo, la esponja o la suavidad o presión del agua deslizándose por el cuerpo.
2. **Conecta con tus sentidos**:

- **Oído**. Escucha el sonido del agua contra el plato de la ducha o en tu cuerpo.
- **Olfato**. Percibe el aroma del jabón, *peeling*, champú, acondicionador.
- **Vista**. Observa cómo se forma la espuma, las gotas sobre tu piel, en la mampara y las baldosas o el vapor en el resto del baño.

3. **Respira suave, lento y profundo**. Inhala el aroma del jabón, la humedad y la temperatura, y exhala permitiendo que las tensiones se vayan.
4. **Toma conciencia y conecta con tus movimientos**. Lava cada parte de tu cuerpo con intención y en alguna ocasión sin prisa.

Al practicar la ducha consciente, transformamos el acto rutinario en un momento de conexión con nosotros mismos, de relajación y de cultivo de una mayor presencia. Así no te resistirás a una ducha.

Te proponemos esta lista con **tres posibles acciones rutinarias para empezar a hacerlas con atención plena**:

- Comer consciente (*Mindful Eating*)
- Caminar conscientemente
- Hacer respiraciones conscientes en el trabajo

¿Se te ocurre alguna actividad más que añadir a la lista?

- ____________________
- ____________________
- ____________________
- ____________________
- ____________________
- ____________________
- ____________________
- ____________________
- ____________________
- ____________________
- ____________________

SEMANA 32

AUTOCUIDADO *y sexualidad*

El tema de la masturbación femenina sigue sin normalizarse, sin que se hable de ella con naturalidad. El autocuidado también incluye darse placer. Hay muchas mujeres que son reacias. Se sienten fuera de lugar e incómodas.

Quien no haya experimentado con la masturbación tiene que saber que es un mundo fascinante. Desde el conocimiento de los órganos genitales hasta la exploración manual o incluso el uso de juguetes eróticos.

Tener placer contigo no es hacer de menos a tu pareja ni descalifica las relaciones sexuales en pareja.

Cuando practicamos el autocuidado de nuestra sexualidad, honramos nuestras necesidades, deseos y disfrute y, a la vez, la seguridad sexual. Promovemos el autoconocimiento y el crecimiento. Mejoramos la relación con nuestro cuerpo, lo que favorece la aceptación de una misma. Fortalecemos el vínculo y las relaciones gracias a una comunicación más abierta y sincera.

Todo ello permite desarrollar una sexualidad más sana y disfrutarla fomentando la autoestima y el bienestar.

La sexualidad puede cuidarse a nivel individual y en pareja. La clave es darle importancia, priorizarla y comenzar. Te proponemos algunas prácticas iniciales:

1. **Conocer tu propio cuerpo**. Te invitamos a explorarte corporalmente con curiosidad y amabilidad. Deja fuera el juicio. Verse, tocarse, acariciarse, masajearse, permitirse sentir, descubrir qué gusta y qué no. La masturbación consciente también fomenta el autoconocimiento, es sana y necesaria.
2. **Redefinir la sexualidad más allá del coito y el orgasmo**. Es importante explorar la intimidad con abrazos, caricias, masajes, besos y juego, y no focalizarse en la penetración y el orgasmo, que es una visión limitada de la sexualidad.
3. **Aceptar y respetar los cambios en la sexualidad**. Nuestras necesidades, deseos, gustos y respuestas sexuales cambian con el tiempo y por distintas razones. Ser flexible y saber adaptarse son claves para transitar y seguir disfrutando y mantenerse vinculada, vinculados.

Os proponemos estas preguntas de autoconocimiento sexual para calentar motores. Pueden ser para ti, pero también para compartir en pareja.

- ¿Qué es para ti la sexualidad?
- ¿Sabes reconocer las sensaciones físicas o emocionales que más disfrutas?
- Durante la experiencia sexual ¿qué te hace sentir más cómoda o incómoda?
- ¿Qué partes de tu cuerpo te generan más placer y cómo podrías explorarlas mejor?
- ¿Cómo influyen tus creencias culturales, familiares o religiosas en tu forma de vivir la sexualidad?
- ¿Cuándo te sientes más segura de tu cuerpo y sexualidad?
- ¿Cómo te relacionas con las fantasías sexuales?
- ¿Qué te gustaría experimentar? ¿Por qué no lo has hecho?
- ¿Estás satisfecha con tu deseo sexual? ¿Por qué sí o por qué no?

SEMANA 33

VISUALÍZATE EN UN LUGAR *tranquilo*

Visualizar nos permite sentir de la misma manera que si estuviéramos viviendo la experiencia real. Puedes verte en un lugar real o imaginado, sola o con compañía, en la naturaleza o en un rincón bonito de una ciudad. Trata de sentir qué ves, qué hueles, qué escuchas... Disfruta de ese momento, respira lento y profundo, y relájate.

Cuando visualizamos un bosque que nos gusta en nuestra estación favorita, la imagen nos transmite serenidad, y el cerebro puede reducir la actividad en la amígdala, asociada al estrés y las amenazas, y aumentar la actividad en la corteza prefrontal, encargada del autocontrol y la regulación emocional.

La visualización contribuye a la regulación emocional y al bienestar general, y fortalece la salud si, además, se realiza de manera regular. Otros beneficios serían:

1. **Activa el sistema nervioso parasimpático**, que promueve la relajación y la recuperación, reduce el ritmo cardíaco y baja la presión arterial.
2. **Disminuye los niveles de cortisol y aumenta la liberación de endorfinas** generando bienestar con la visualización de los escenarios elegidos.
3. La visualización nos **ayuda a reconocer nuestras sensaciones y emociones** entrenando la regulación y la sensación de seguridad interna.
4. **Reduce el «ruido mental»** y ayuda a tomar decisiones de forma más consciente y enfocada.
5. **Mejora la calidad del sueño**.

Ahora te invitamos a crear ese lugar tranquilo, visualizarlo y entrenarlo. ¡Nos vamos de viaje!

- Elige un lugar que te transmita tranquilidad, seguridad, placer.
- Adopta una postura cómoda.
- Respira suave, lento, profundo para ayudar a la mente a centrarse en el aquí y el ahora, y dejar al cuerpo libre de tensiones.
- Activa los sentidos, vive a través de ellos el lugar elegido.
- Mantente en este lugar, como si el tiempo se parase durante unos minutos y conecta con tus sensaciones agradables; permite que se extiendan por todo tu cuerpo, por todo tu ser.
- Cuando consideres, regresa poco a poco al aquí y al ahora respirando de manera natural, sonríe suavemente, agradece la experiencia que has generado y abre los ojos. Quédate con las sensaciones.

SEMANA 34

tus emociones NECESITAN UN ENTORNO QUE *las mime*

Aspiramos a vivir en un hogar seguro. Y, además, tiene que ser confortable, amable, bonito. Un espacio en el que te apetezca estar y disfrutar. ¿Sois de las que para descansar y desconectar salís de casa o preferís quedaros a gusto en vuestro sillón? *Nesting* es la palabra que define el placer de descansar y disfrutar de estar en casa el fin de semana con el fin de reducir el estrés y el ritmo ajetreado de vida. Proviene de la palabra anglosajona *nest*, que significa «nido» en castellano.

Las personas que practican el *nesting*, es decir, el quedarse en casa a descansar de la vida, convierten su hogar en un lugar seguro, sereno, en el que les apetece estar. Buscan descansar, relajarse, ver películas, leer, jugar a juegos de mesa, dormir, cocinar por el placer de cocinar, en definitiva, disfrutar de parar en lugar de seguir conectados con más actividades durante los momentos de ocio y descanso semanales.

¿Qué hay que tener en cuenta para crear un hogar que cuide de nuestras emociones y promueva el bienestar emocional? **¿Qué te ayuda a fomentar el *nesting* en tu hogar?**

- **Colores**. Los tonos suaves tienen un efecto relajante. Los colores vivos generan energía.
- **Iluminación**. La luz natural es clave para mejorar el ánimo. Por la noche las luces cálidas, tenues e indirectas invitan a relajarse y a preparar el cuerpo para descansar, y permiten la liberación de melatonina. Y no olvidemos el poder de la luz de las velas.
- **Orden y limpieza**. El desorden genera la sensación de caos, irritabilidad, inseguridad e intranquilidad. El orden nos ordena.
- **Texturas y materiales**. Todo lo que nos conecte con la naturaleza, como madera, piedra, lino, algodón, plantas..., promueve el bienestar.
- **Olores y aromas**. Un aroma agradable, como velas aromáticas o aceites esenciales de lavanda, eucalipto o cítricos, influye en los estados emocionales y en nuestro sistema nervioso.
- **Elementos que nos hagan sentir bien**, como fotos, recuerdos... Se trata de personalizar el hogar y no que sea una foto de revista.

Una vez que eres consciente de cómo tu hogar influye en tus emociones y qué cosas pueden fallar o faltar, ¿por dónde empezamos?

Te proponemos que elabores una lista con los pequeños cambios que te apetezca hacer.

- ✦ ______
- ✦ ______
- ✦ ______
- ✦ ______
- ✦ ______
- ✦ ______
- ✦ ______
- ✦ ______
- ✦ ______
- ✦ ______
- ✦ ______
- ✦ ______
- ✦ ______
- ✦ ______

SEMANA 35

Mueve TU CUERPO Y RESPIRA

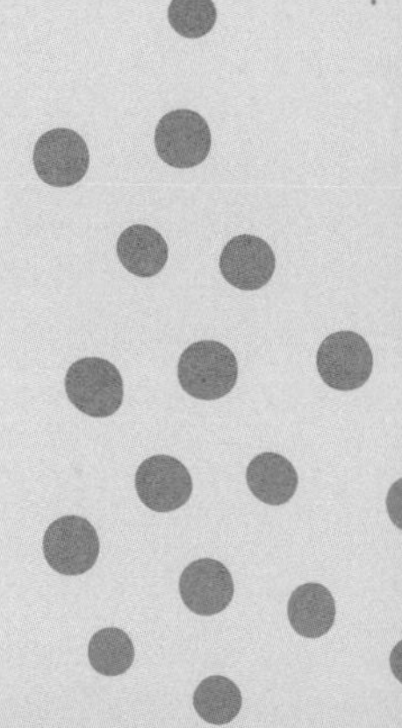

El cuerpo habla lo que la mente calla. Necesitamos aprender a escuchar sus mensajes para entendernos y saber qué tenemos que hacer o dejar de hacer. Así conseguimos equilibrio y bienestar. El movimiento consciente y la respiración nos permiten anclarnos en el presente, liberar tensiones y reconectar con nuestras necesidades.

El movimiento consciente implica prestar atención plena a cómo se siente tu cuerpo mientras te mueves. Se trata de explorar y curiosear sin forzar. Curiosear aporta flexibilidad mental. Y con cada exhalación, el cuerpo se suelta y descubres nuevos límites sin lesiones.

Cada vez que conectas con tu cuerpo, es una oportunidad para ser consciente de tensiones acumuladas, dolores, síntomas de estrés o rigidez, y para decidir qué puedes hacer. También es una oportunidad para ser consciente de buenas sensaciones y estar libre de tensión y estrés, porque vas avanzando en tu cuidado y bienestar. Bajar al cuerpo siempre es una buena opción de regulación. Y respirar consciente es clave, es el puente entre el cuerpo y la mente. Es un facilitador que regula el sistema nervioso, aumenta la relajación activando el sistema parasimpático, refuerza la conciencia corporal y oxigena el cuerpo.

Esta semana aprendes a habitar tu cuerpo desde el movimiento. Siente tu cuerpo de pie, sentado, tumbado, y estira con presencia y cuidado, observando tus límites y sin forzar las diferentes combinaciones desde la cabeza a los pies. Con delicadeza en el movimiento, con mimo, acompañándolos con tu respiración.

Te proponemos ejercicios prácticos para conectar con tu cuerpo a través del movimiento y la respiración. Dedica unos minutos al día a:

- Realizar estiramientos conscientes lentos o tipo hatha yoga, sintiendo cómo se estiran los músculos y manteniendo la postura entre cinco y diez segundos. Puedes estirar un poco más al final de cada exhalación y observar cómo aumenta la flexibilidad.
- Caminar consciente. Siente cada paso, los movimientos necesarios y coordínalos con tu respiración (inhalas durante dos pasos, exhalas durante dos pasos).
- Movimiento libre, suave, fluido, tipo balanceo. Gira tus brazos con o sin el tronco, expresándote sin restricción.

SEMANA 36

VIGILA
tu salud

Cuidar de nuestra salud en gran medida supone prevenir y mejorar la calidad de vida.

¿Qué revisiones o chequeos tienes pendientes? ¿Has visitado este año a tu ginecóloga? ¿Te has hecho analíticas?

No prestar atención a tu salud, ignorar señales o postergar las citas médicas no hacen que las posibles enfermedades desaparezcan, pero sí aumentan los riesgos, estresan y culpabilizan.

Las revisiones y los chequeos médicos son actos de amor y responsabilidad hacia ti misma. Y pueden marcar la diferencia entre una detección temprana o un problema de salud avanzado.

¿Qué revisiones puedes tener en cuenta?

- Revisión general con tu médico de cabecera. Analíticas completas para evaluar niveles de colesterol, glucosa o hierro, entre otros
- Ginecología: citología, ecografía, mamografía, densitometría para la salud de los huesos o chequeos, según corresponda
- Control dental para prevenir caries y enfermedades de las encías
- Oftalmología para controlar la vista
- Dermatología para revisar lunares o manchas sospechosas
- Nutrición
- Cardiología. Control del corazón si tienes antecedentes familiares, según edad y para la práctica de ejercicio físico
- Psicoterapia

Quizá en este momento estás siendo consciente de que nunca te has revisado el corazón. O que hace tres años que no te haces la limpieza anual de boca, tan necesaria.

Te invitamos a que reflexiones sobre el tiempo que dedicas a tu salud y a que te conciencies de que mereces cuidarte y dedicarte ese tiempo.

Y para que no se te olvide, no postergues y te sea fácil interiorizarlo, te proponemos:

Escribe el compromiso de cuidar tu salud.

Hazte un calendario bonito, divertido, con colores, pegatinas y destaca en él tus vistas médicas, pruebas, revisiones... Ajusta tu agenda a esta prioridad.

Habla con una amiga, hermana... Elegir fechas juntas aumenta la motivación y el compromiso.

Cuando vayas al médico, deja agendada la siguiente cita, activa la alarma con una frase de conciencia y abandona el famoso «ya pediré cita».

SEMANA 37

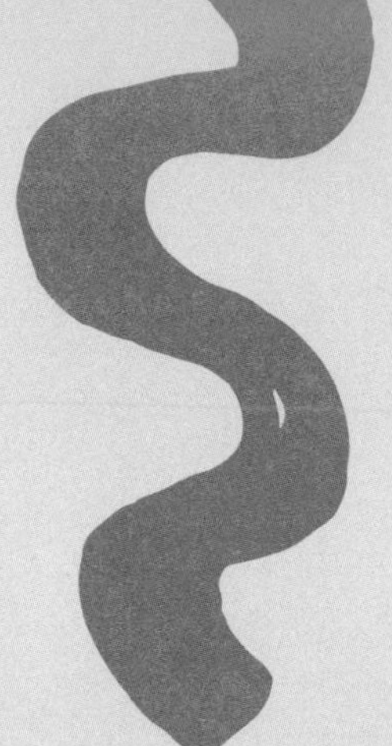

PALABRAS QUE *calman*

Esta semana amplía tu vocabulario sereno. Repite las palabras serenas cuando inspires. Inspiras «calma», «tranquilidad», «serenidad», «cariño», «apoyo», «equilibrio» ... y exhalas «ansiedad», «tensión», «nervios», «problemas», «incertidumbre». Deja que entre lo bueno y salga lo que te incomoda.

El lenguaje y el tono que usamos tanto al hablarnos a nosotras como en las conversaciones con otras personas influyen en nuestras emociones, estados de ánimo, pensamientos, forma de actuar y bienestar general. Las palabras no son neutrales, pueden sumar o restar a nosotras mismas y a los demás.

Decirte «tranquilidad» mientras inhalas suave, lento y profundo puede cambiar el ritmo cardiaco, ralentizarlo y reducir la tensión muscular. Cuando las palabras van de la mano de la respiración consciente, los beneficios se amplifican. Es una especie de trabajo en equipo.

Al inspirar, imagina que llenas todo tu cuerpo, todo tu ser, con las palabras de calma, de equilibrio... las que necesites en un momento dado. Y al exhalar, sueltas aquello que te duele, te sobra, te incomoda.

Práctica:

- Inspira y te dices mentalmente o en voz bajita: «calma», «serenidad», «tranquilidad», «equilibrio» o «amor».
- Exhala y te dices mentalmente o en voz bajita: «ansiedad», «tensión», «miedo», «inseguridad», «nervios».
- Repite estas acciones durante cinco minutos, con una mano en contacto con tu cuerpo, en el pecho.

Esta práctica te regulará el sistema nervioso, hará que bajen las revoluciones, te aportará seguridad y creará a la vez un espacio de cuidado.

A veces el problema es no saber qué palabras decirnos. Así que te proponemos algunas que consideramos importante que conozcas para reprogramar tu mente hacia el bienestar.

De calma

serenidad, equilibrio, silencio, paz, alivio, relajación, sosiego, armonía, tranquilidad, templanza, quietud, paciencia, descanso...

De fortaleza interna

confianza, coraje, seguridad, resiliencia, fortaleza, esperanza, claridad, valentía, perseverancia...

De amor y apoyo

cuidado, protección, amistad, ternura, cariño, calidez, empatía, comprensión, generosidad, entendimiento, respeto, dulzura, gratitud, solidaridad...

SEMANA 38

DATE LA OPORTUNIDAD DE IR AL *psicólogo*

Desde hace años venimos trabajando en lo que nos gusta llamar «psicología de la vida cotidiana». No necesitas tener un problema grave para asistir a la consulta de un psicólogo. A veces tenemos asuntos que resolver, que aceptar o, simplemente, que compartir, sin que nos juzguen. Ir a un buen psicólogo puede ser muy sanador e inspirador.

La psicología de la vida cotidiana trabaja aspectos como la gestión emocional, la mejora de las relaciones, la toma de decisiones importantes o el desarrollo personal. Y no solo se aborda el sufrimiento, también se potencian el bienestar y el desarrollo personal. Cuando decides ir al psicólogo estás decidiendo comprometerte con tu bienestar, te valoras y priorizas tu salud mental.

Los motivos por los que se acude al psicólogo son de distintas índoles y todos son válidos. Hoy compartimos contigo los más comunes por si te ayuda a sentirte identificada y, así, poder buscar ayuda y no dejarte para después.

- Te sientes agotada emocionalmente.
- Te pierdes en tus pensamientos, preocupaciones o miedos.
- Tienes dificultades para reconocer y acompañar tus emociones.
- Te cuesta tomar decisiones importantes.
- Vives las relaciones, ya sean de pareja, familia o amigos, como una fuente de estrés.
- Pasas por un cambio o pérdida importante (separación, despido, pérdida de un ser querido).
- Sientes que no eres suficiente.
- Te cuesta delegar, poner límites o pedir ayuda.
- Tu cuerpo está somatizando.
- Los miedos e incertidumbre te condicionan.
- No disfrutas del presente: a lo que antes te motivaba ahora no le encuentras sentido.
- No hallas razón aparente para tu malestar.
- Quieres conocerte y crecer o mejorar habilidades.

¿Te identificas con alguno de estos motivos? No te dejes para después y da el primer paso.

Te proponemos una actividad para promover la acción esta semana:

- ✦ Haz una lista de algunos de los aspectos de tu vida que te gustaría trabajar.
- ✦ Busca tres psicólogos que puedan atenderte presencial o virtualmente. Revisa su formación, enfoque y opiniones de otros pacientes.
- ✦ Pide cita, no eres menos, no tienes por qué poder sola.

Si no es tu primera vez y tuviste una mala experiencia por distintos motivos, date otra oportunidad.

✦ ____

✦ ____

✦ ____

✦ ____

✦ ____

✦ ____

✦ ____

✦ ____

✦ ____

✦ ____

SEMANA 39

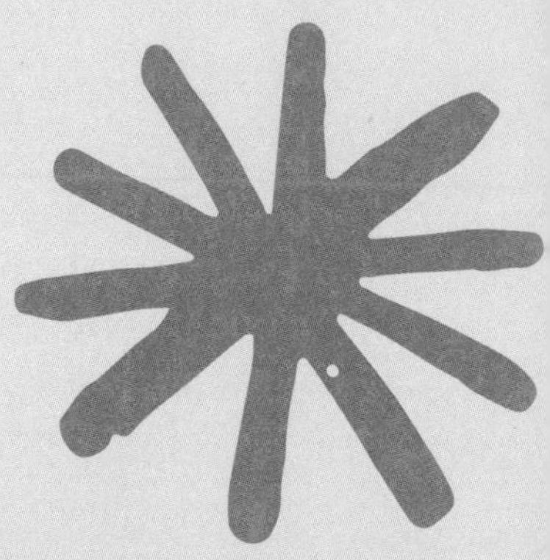

ESBOZA *sonrisas*

Cuerpo y mente están profundamente conectados. Se comunican, dialogan. Cuando sonríes se estimulan los músculos de tu cara, los faciales, y estos envían un mensaje a tu cerebro; a su vez, se activan la amígdala y la corteza prefrontal, que impactan en tu estado de ánimo de forma positiva.

Este fenómeno se conoce como «retroalimentación facial» y demuestra que lo que haces con tu cuerpo afecta de manera directa a cómo te sientes emocionalmente. Las expresiones faciales no solo reflejan nuestras emociones, cómo nos sentimos, sino que también las generan.

Piénsalo, es algo increíble y maravilloso por todo el potencial que supone. Porque el cerebro no necesita motivos reales para sonreír, le interesa que sonrías, sin más. Podemos engañar al cerebro para bien. Las sonrisas falsas, forzadas pueden convertirse en genuinas, porque el cerebro ajusta las emociones en función de las señales que los músculos faciales envían. Se genera un efecto dominó y la sonrisa inicial forzada suscita emociones que suman hasta que se fomenta la sonrisa auténtica.

Esta semana aprenderás a provocarte una sonrisa. Al despertar, antes de ir al trabajo, al salir, antes de entrar en casa, antes de una comida, antes de una reunión o llamada importante...

Sujetar un lápiz entre los dientes de forma horizontal imitando la sonrisa durante diez minutos libera los neurotransmisores relacionados con el bienestar y la felicidad.

Sonreír tiene un impacto significativo en cómo te sientes. Al sonreír, aunque no sea de manera genuina, tu cerebro interpreta que «todo está bien». La sonrisa activa la liberación de neurotransmisores, como la dopamina, la serotonina y las endorfinas, que están relacionados con la calma y el bienestar emocional. Y, además, reduce los niveles de cortisol, la hormona del estrés, a la vez que fomenta la relajación y el control.

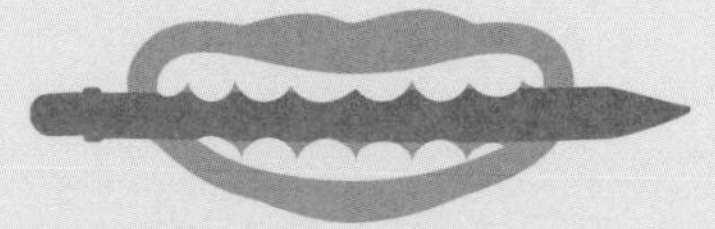

Ahora te invitamos a sonreír en distintos momentos, y para ello te proponemos tres ejercicios además del inicial con el lápiz.

- Al despertar, sonríe, agradece y da la bienvenida a tu día y a las nuevas oportunidades.
- Sonríe a tu reflejo cada vez que te veas en un espejo o escaparate.
- Sonríe en momentos claves, como al empezar una reunión, al enviar un mensaje, al realizar una llamada, al saludar o empezar a hablar con alguien, al irte a dormir...

SEMANA 40

acepta CON AMOR INCONDICIONAL TODAS TUS *imperfecciones*

Aceptarse a una misma es una de las formas más profundas de autocuidado y compasión. No es conformarse o dejar de buscar el cuidado, trabajo o crecimiento personal, sino abrazarse con todo lo que te gusta y lo que no. Eres valiosa y digna tal como eres, por mucho que la sociedad, las modas, la cultura vayan en contra la mayoría de las veces y transmitan una perfección subjetiva y poco real.

Te damos unos ejemplos de aceptación con amor incondicional:

A nivel físico:

- Aceptar tu peso, formas, volumen, tamaños, color de piel, pelo, ojos, cicatrices, faltas, deformaciones, marcas o cambios en tu cuerpo como parte de tu historia.
- Vestirte de manera que te sientas cómoda y a gusto, no para cumplir las ideas de otras personas o las modas.

A nivel emocional y psicológico:

- Reconocer y aceptar que hay días mejores y peores, con emociones diversas, pensamientos y formas de actuar distintos y variados, que puedes expresarlos y comunicarlos sin juzgarlos y con respeto.
- Puedes cometer errores, porque no eres perfecta ni se pretende. No tienes que estar motivada siempre, puedes necesitar ayuda... Todo está bien y no te hace peor persona.

Aceptarse reduce el estrés y la ansiedad, te hace soltar expectativas propias y ajenas, y fomenta relaciones más saludables.

Dedica tiempo a recorrer tu exterior y tu interior. Acepta lo que no te gusta, déjalo estar. Forma parte de ti, lleva muchos años contigo, no dice nada malo de ti, salvo los juicios de valor que tú haces de ti misma.

- «Queridos glúteos, os acepto en mi vida; con vuestro tamaño generoso, me permitís sentarme cómodamente. Sois maravillosos tal como sois».
- «Querida pereza, ahí estás, con toda tu pachorra. Te acepto. Y hoy decido no volver a criticarme más cuando adquieras presencia».

Y para entrenar la aceptación con amor te proponemos:

- **Espejo de amabilidad**. Mírate en los espejos de tu casa, del trabajo, del coche o de una tienda durante dos minutos al día y dite con amabilidad y cariño frases como: «Te acepto tal como eres», «Eres maravillosa», «Cómo me gustas», «Eres suficiente», «Estoy orgullosa de ti».
- **Lista de tu gratitud**. Escribe en tu cuaderno bonito las tres cosas que agradeces de ti misma cada día, ya sea sobre tu físico, tu carácter o tus logros.
  Y respira suave, lento y profundo.

TOMA *conciencia* DE LO QUE *vales*

Para tener una vida plena, con confianza, y relacionarnos con seguridad, necesitamos saber lo que valemos. Sin embargo, muchas personas crecen con una visión sesgada de sí mismas. Su cerebro y corazón escucharon demasiada crítica, comparación y humillación sin recibir mensajes claros sobre su valor. No saben reconocer sus logros, porque los minimizan. Y el monólogo interior boicotea toda oportunidad.

Con estas experiencias se tiende a buscar la validación en los comentarios de los demás, en lugar de cultivarla desde dentro. A veces, de adultas, toca aprender lo que no se pudo de niñas, a tratarse como hubieras necesitado en su momento. Consiste en reconocer tu propio valor, el que, además, te hace única.

Crea una lista con todo aquello que te da valor como persona. Si no encuentras adjetivos que te den valor, trata solo de pensar en pequeños logros y descubre qué tienes tú en tu interior que te ayudará a conseguirlos.

¿Por qué insistimos en que aprendas a valorarte? Porque...

- Saber lo que vales te permite afrontar los desafíos de la vida con mayor seguridad, motivación y fuerza interna. Aumenta tu seguridad y confianza.
- Saber lo que vales te ayudará a poner más límites y no aceptar ciertos comportamientos o exigencias. Tomarás mejores decisiones y mejorarás las relaciones con las personas que te rodean.
- Saber lo que vales contribuye a que reconozcas tu valor interno y no recurras más a la validación externa para sentirte falsamente segura. Afianzas tu autoestima.

Te invitamos a que reflexiones sobre esta pregunta: **¿cómo te sientes cuando alguien te dice lo mucho que te valora?**

Ahora empieza a hacerlo contigo misma y anota a diario cómo te sientes cuando te valoras.

Para comenzar a valorarte te proponemos que **dejes de boicotearte** y de ponerte la zancadilla tú misma. Así no se avanza en la vida. No se puede cambiar lo que no se reconoce primero. «No soy capaz», «No soy suficiente», «No me lo merezco». ¿Te reconoces?

Crea **espacios para la autocompasión** y háblate como le hablarías a una persona que quieres y te dijera esas palabras «Eres capaz y valiosa», «Mereces respeto». Se trata de aprender un nuevo idioma.

Haz tu **lista de logros** en una columna y, en paralelo, escribe las cualidades internas que te ayudaron a conseguirlos.

SEMANA 42

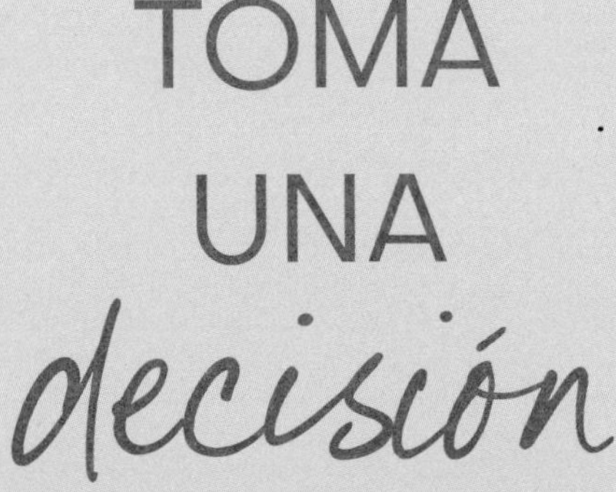
TOMA
UNA
decisión

Tomar decisiones nos libera de la incertidumbre y nos da seguridad. No las tomamos por miedo a fallar, por la pérdida o porque pueden no agradar a los demás. Tomar decisiones es desafiante, poderoso y crucial para vivir. Pequeñas o grandes elecciones basadas en nuestra escala de valores, deseos y necesidades aumentan nuestra autonomía, autoestima y autenticidad.

Tienes derecho a cuidar de ti, a elegir un proyecto y a tomar las decisiones que a ti te satisfagan.

Toma, por favor, esta semana una decisión que te haga feliz.

Compartimos contigo unas pautas para empezar a tomar decisiones de forma más clara y segura:

1. **Reconoce y valida tus prioridades**. En este momento, ¿qué es lo más importante para ti, qué es lo que necesitas que mejoraría tu vida?
2. **Evalúa las opciones**. Toma conciencia por escrito de los pros y los contras de cada posibilidad que estás teniendo en cuenta.
3. **Conecta emocionalmente**. ¿Cómo te hace sentir cada opción? Tu intuición está para ser escuchada.
4. **Convive con el miedo al error**. No hay decisiones perfectas, lo importante es tomar la decisión.
5. **Acepta que tu decisión no va a agradar a todos**.
6. **Visualiza los resultados**. Imagina qué aportará esa decisión.
7. **Empieza por algo pequeño**. La confianza se entrena. Si las grandes decisiones te cuestan, comienza por las pequeñas.
8. **Valora y agradece el proceso**.

Recuerda una decisión que te resultó difícil tomar. Respira suave, lento y profundo. Y pregúntate:

¿Qué emociones tenías antes de tomar la decisión? ¿Qué te ayudó? ¿Cómo superaste tus miedos? ¿Qué aprendiste de esa experiencia?

Preguntas faro:

¿Es esta decisión importante para mí y coherente con mis valores? ¿Qué ganaré/perderé si tomo esta decisión? ¿Qué porcentaje de mi decisión es mía y qué porcentaje es para agradar a alguien? ¿Tengo la capacidad mínima para empezar por algo?

SEMANA 43

APRENDER A *soltarnos*

La inseguridad nos frena en la vida. Cuando los adultos de referencia hacen las cosas por los niños, aunque sea con buena intención, por hacerlo mejor o más rápido o porque el error no estaba bien visto, no se entrena la seguridad necesaria para la edad adulta. Se anula a la niña y, de adultos, se puede tender a repetir el mismo patrón. Dejas de involucrarte y delegas en los demás.

Cambiar las acciones ayuda a experimentar, ganar confianza y que las emociones que nos atan al pasado se transformen. Puedes fomentar tu independencia emocional gracias a pequeños pasos que cambian la experiencia.

Cada vez que haces algo que antes evitabas, entrenas tu cerebro para que sea más capaz. No se trata de hacerlo perfecto. Se trata de hacer, aunque sea lo mínimo. Se trata de intentar y tolerar las emociones difíciles. Y así tu seguridad aumenta.

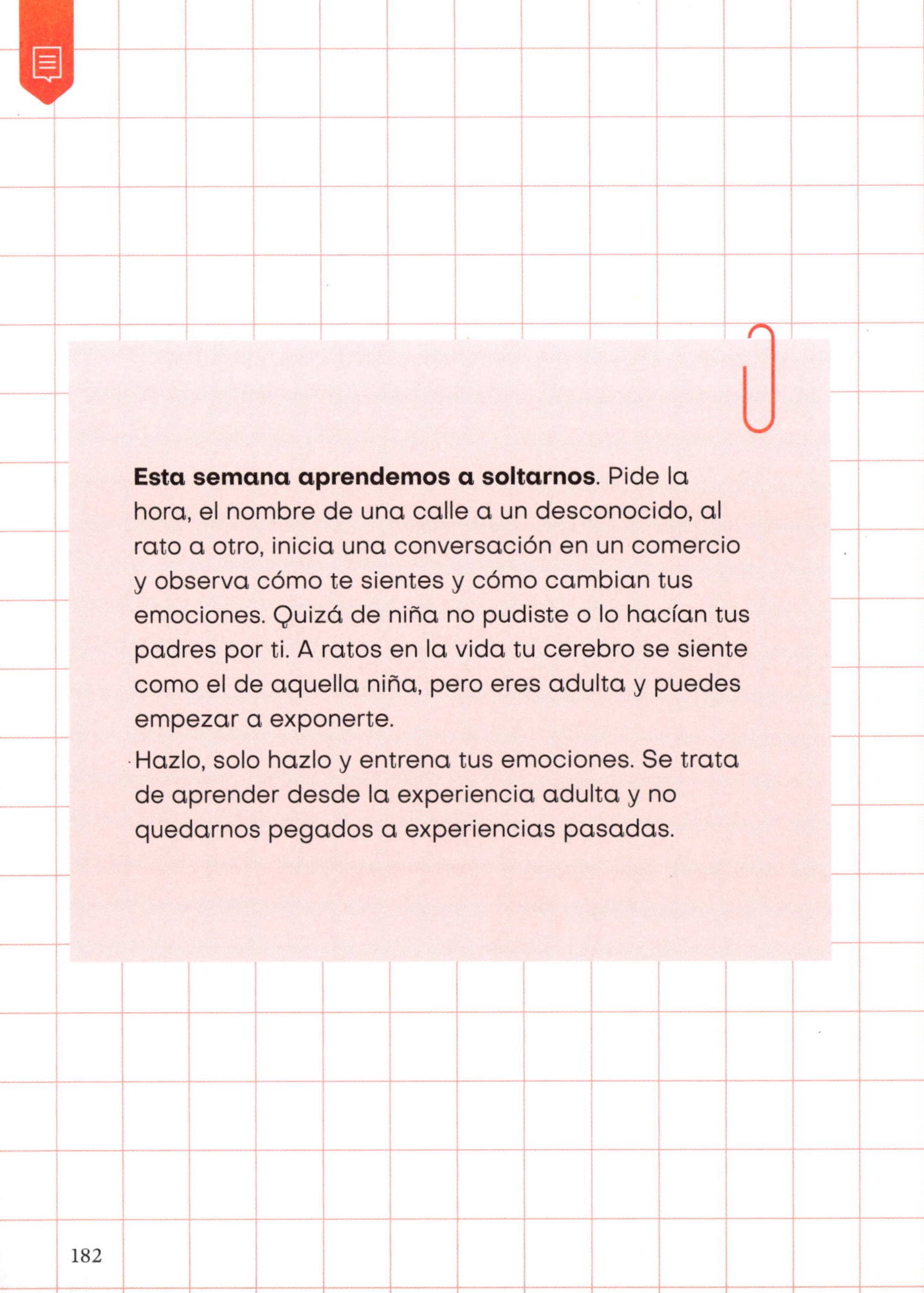

Esta semana aprendemos a soltarnos. Pide la hora, el nombre de una calle a un desconocido, al rato a otro, inicia una conversación en un comercio y observa cómo te sientes y cómo cambian tus emociones. Quizá de niña no pudiste o lo hacían tus padres por ti. A ratos en la vida tu cerebro se siente como el de aquella niña, pero eres adulta y puedes empezar a exponerte.

Hazlo, solo hazlo y entrena tus emociones. Se trata de aprender desde la experiencia adulta y no quedarnos pegados a experiencias pasadas.

Te invitamos a empezar por algo cotidiano que siempre delegas. Reservar una cena, pedir la cuenta en un restaurante, pedir una talla en el probador de una tienda, devolver o cambiar algo que hayas comprado solo por ponerte a prueba...

Haz algo que te permita sentir y tolerar una emoción difícil, y háblate para transmitirte serenidad. Recuérdate que ya no eres aquella niña anulada.

Lleva un listado diario de lo conseguido y cada domingo vuelve a él para sentirte orgullosa.

Crea tu lista de nuevos desafíos, ordénalos y agéndalos.

- ✦ ______________________ ________
- ✦ ______________________ ________
- ✦ ______________________ ________
- ✦ ______________________ ________
- ✦ ______________________ ________
- ✦ ______________________ ________
- ✦ ______________________ ________
- ✦ ______________________ ________
- ✦ ______________________ ________
- ✦ ______________________ ________

SEMANA 44

IGUAL NO ES TAN *complicado* COMO PARECE

Sabemos que hay desafíos que cuestan, generan miedo o inseguridad, pero no es el hecho en sí, sino la interpretación de lo que hacemos. No entender las razones, las emociones que sentimos o estar bajo la influencia de experiencias pasadas nos condiciona. Y puede hacerlo hasta tal punto que dejamos de hacer lo que queremos o necesitamos hacer por mucha lógica que tenga. Queremos, pero no podemos.

Saber lo que sentimos nos ayuda a saber qué necesitamos y cómo actuar. Nombrar la emoción reduce su intensidad y el impacto en el sistema nervioso. Nos ayuda a diferenciar si es por algo pasado o por algo que está pasando ahora. Y para ello tenemos que saber parar, conectar con el cuerpo y permitir sentir.

A veces el pasado está tan presente que se necesita asesoramiento profesional para ayudar al cerebro a dejarlo ir.

Esta semana aprendemos a ponerle nombre a lo que sentimos. Limita más el miedo que crees que tienes que la propia situación.

- ¿Y si no fuera tan complicado?
- ¿Y si al exponerte perdiera valor?
- A veces uno se siente mal y no sabe qué le pasa. En ocasiones arrastramos un pasado que pesa más emocionalmente que la propia realidad.
- ¿Y si te pones a prueba?

Te proponemos unos ejercicios prácticos para saber relacionarte con las emociones:

Diario emocional. Dedica unos minutos al día para escribir de forma detallada cómo te sientes, aprendiendo a nombrar emociones y sentimientos y a distinguir si está relacionado con algo del presente o algo que arrastras o te conecta con tu pasado.

Localización de tus emociones. Las emociones se sienten en el cuerpo. Dibújate y marca con un punto el lugar donde percibes la emoción.

Exposición gradual. Escribe la situación que te abruma, que te causa miedo, inseguridad y decide qué acción podrías hacer, como mínimo, que te acerque más a lo que quieres conseguir y que te aleje del hábito actual.

SEMANA 45

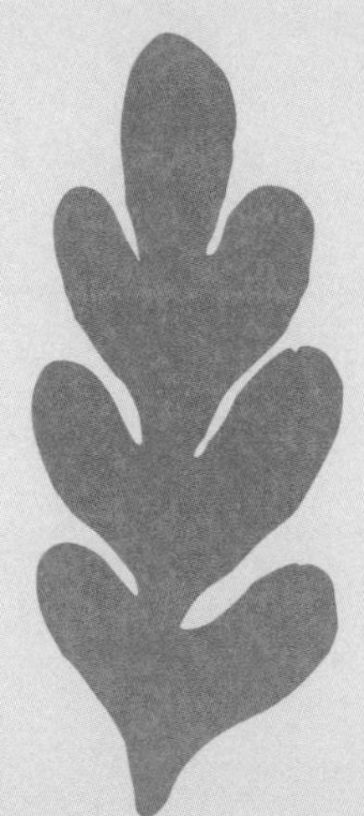

mindfulness AL VOLANTE

La conducción consciente es una oportunidad más de **práctica informal de *mindfulness***. Las prácticas informales consisten en llevar la atención plena a una actividad cotidiana. Comer, limpiar, ordenar, maquillarse, hacer el amor, ducharse... conducir. Al tomar conciencia de la acción en sí, conducir, del entorno y del efecto, tu mente entrena la capacidad de estar en calma, con claridad y seguridad. Con esta forma de estar presente el cerebro abandona el modo de estar en el pasado y futuro, pensando y rumiando.

Además, al practicar *mindfulness* conduciendo, el beneficio es doble. Conducir *mindfulness* no solo mejora tu habilidad al volante, sino que también te entrena para estar presente en otras áreas de tu vida. Cada vez que tomas conciencia de tu entorno, entrenas a tu mente para vivir con mayor claridad, calma y seguridad.

Esta semana **experimenta lo que es conducir como si llevaras la L de novata**. Estate atenta a las rotondas, las señales de tráfico, los coches, los intermitentes... y siente que conduces con atención y respetando el código de circulación.

Conducir es una actividad rutinaria para muchas personas. Exige atención. Sin embargo, en muchas ocasiones se hace en piloto automático, sin estar en la experiencia, desconectado de la realidad. Llegamos a los sitios sin saber muy bien por dónde hemos circulado, qué ha ocurrido o dónde hemos aparcado.

Conducir con todos tus sentidos cambia y mejora la experiencia, y es un protector para la vida propia y ajena. Conducir con prisas y pensando en tus cosas no es la mejor opción.

Compartimos contigo estos pasos para empezar a conducir *mindfulness*:

- ✦ Antes de arrancar, **respira suave, lento y profundo**. Afina tu intención: «Voy a conducir activando mis sentidos, es un privilegio».
- ✦ **Observa los coches**, las maniobras, el paisaje, escucha el motor, la música, el exterior, siente el volante, el asiento, los pedales, el cambio de marcha...
- ✦ Y el punto clave, cada vez que **te des cuenta de que te has ido a tu mente y preocupaciones**, vuelve con una sonrisa y dite: «Ahora estoy conduciendo, es mi momentazo».
- ✦ Quédate con las **nuevas sensaciones que vas descubriendo**.

SEMANA 46

HACER LA COMPRA *con sentido*

¿Cuántas veces compras con prisas, sobre la marcha, de más y sin ser consciente de lo que te falta o necesitas? Vivimos en medio de una excesiva estimulación en forma de ofertas, anuncios, promociones 3 x 2... La compra, en vez de ser consciente, disfrutada y agradecida, es impulsiva, sin sentido y emocional. Ello genera estrés, euforia, tristeza y culpa.

Esta semana ve a comprar con la lista hecha y con un menú establecido. Elige alimentos que respeten tu salud. No compres de más, compra lo que necesites. Si tienes tiempo, acércate a comercios de proximidad y disfruta conversando con otros clientes y tenderos. Deja la prisa aparcada y saborea el momento.

Cuando aprendes a comprar con sentido:

- **Reduces el estrés al llevar la compra planificada**. Dejas de ir a matacaballo y comprando según el famoso «por si acaso». Al fin y al cabo, lo que compres así caduca. Tu bolsillo agradece cuando dejas de hacer compras innecesarias o repetidas,
- **Cuidas de tu salud cada vez que, con atención, eliges qué comprar**, sigues tu propia decisión y no te dejas llevar por el marketing materialista.

Te invitamos a que reflexiones sobre esas compras que son más impulsivas y emocionales. Puedes dejar en el carrito de la compra online el producto o servicio que has elegido. Si pasada una semana sigue siendo importante para ti, entonces cómpralo.

Puedes hacerte también estas dos preguntas:

- ¿Es una compra alineada con mis valores?

  ____

  ____

- ¿Estoy comprando por necesidad o por llenar un vacío emocional?

  ____

  ____

Compartimos contigo la ruta para comprar con sentido.

Haz lo posible para no comprar estresada, enfadada, cansada, hambrienta y sin tiempo. Ya sabes cuál es el resultado de comprar así.

Sal a comprar organizada. Con la lista de la compra y teniendo en cuenta un menú semanal saludable.

Compra en mercados o comercio próximo y goza interactuando con las personas, clientes o tenderos y disfrutando de los productos, de las recetas o de lo que sea.

Ante la duda, ten presente esta pregunta: **«¿De verdad necesito esto?»**. Cuando el cuerpo te pida acelerarse, respira y dite: «Es mi momento "compra relajada", voy a vivirlo y disfrutarlo».

Recuerda tu intención cada vez que el marketing emocional quiera manipularte, reconócelos, anúlalos, pasa de la zona despidiéndote: «*Bye, bye*», y acto seguido te dices «Ahora mando yo, no vais a poder conmigo y lo sabéis».

SEMANA 47

gánate A TI MISMA

Complacernos es un acto de **amor propio**. Parar, darnos tiempo para tomar conciencia de nuestras necesidades, deseos y hacerlos realidad. Quizá estés acostumbrada a darte a los demás y dedicar tu tiempo, esfuerzo y energía a ellos. Y no decimos que no haya que seguir haciéndolo, pero sin olvidarte de ti. Se trata de equilibrar y ser más justa, no dejarte para después o en último lugar. Ahora toca priorizarte: no es egoísmo, es un derecho.

Y, como no puede ser de otro modo, complacerte tiene beneficios:

- ✦ Cada vez que te complaces, en tu cerebro se activa tu sistema de recompensa, se genera dopamina y ¡arriba la felicidad!
- ✦ Al priorizarte, refuerzas tu mensaje interno de «soy importante».
- ✦ Aumenta tu motivación interna para seguir cuidándote y favoreciendo tu bienestar.
- ✦ Aumenta tu autorregulación y fortaleza emocional.

¿Qué vas a hacer esta semana para complacerte? Sin más directrices. Dado que la pregunta da pie a todo y a la creatividad, nos encantará saber qué has hecho esta semana y que lo compartas en redes ☺.

Te invitamos a ser libre y conectar con todo **lo que te gustaría hacer o dejar de hacer para complacerte**. Coge tu cuaderno y empieza a escribir.

Otra opción de actividad es la siguiente. Te invitamos a completar estas sugerencias:

- Algo que te dé placer...
- Algo que signifique cuidarse...
- Un capricho...
- Algo que implique desconectar...
- Algo que implique culturizarte...

SEMANA 48

SÉ UNA PERSONA *activa*

Pon el ejercicio en tu vida como un innegociable. Una vida activa es una vida que aumenta tu probabilidad de sentirte sana. **El ejercicio mejora tu salud física y mental**.

La American Psychological Association publicó un artículo muy interesante titulado «*The Exercise Effect*». En él se recogen todos los beneficios físicos y cognitivos. Hoy en día se sabe que, a mayor actividad aeróbica, menos degeneración neuronal. El ejercicio aeróbico, pero también el de fuerza rejuvenecen nuestro cerebro. Y, si no, atenta a estas investigaciones.

El ejercicio mejora nuestras funciones cognitivas y, de rebote, nuestro estado de ánimo. Saber que tienes una mente joven, rápida, que se concentra, capaz de tomar decisiones, que se expresa con fluidez, resolutiva y que mejora tu memoria nos da seguridad. Lo contrario nos hace sentir débiles e inseguras, y deprime nuestro estado de ánimo.

Pon un preparador físico en tu vida y regálate los consejos de un profesional que ponga tu existencia en movimiento. Dedicarte tiempo y dinero forman parte del autocuidado.

Muchas personas no empiezan a entrenar porque no saben qué ejercicios hacer, porque sin el apoyo de otra persona se desmotivan, porque se sienten torpes y tienen miedo a lesionarse. **Contar con un profesional que te guíe, enseñe, motive y prevenga lesiones es el mejor regalo que puedes hacerte**.

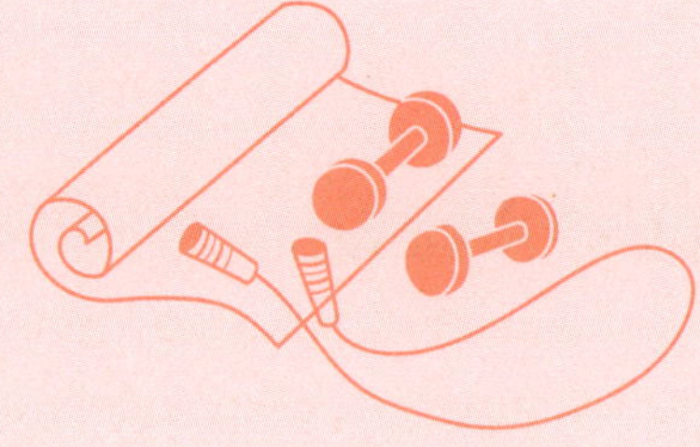

Anota aquí todos tus pasos.

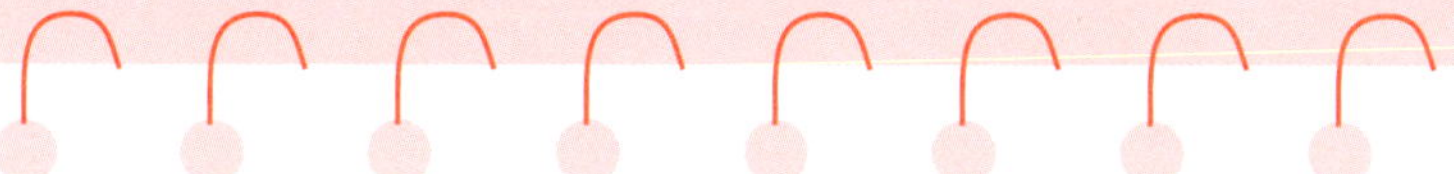

- ¿Qué actividad física te gustaría hacer si te ayudaran con ella, si estuvieras motivada, si vencieras cualquier barrera?

  ____

- ¿Por qué esa? ¿Qué beneficios crees que te aportaría, en qué mejoraría tu vida?

  ____

- ¿En qué gimnasio te vas a matricular? Puede ser uno de esos grandes que tienen clases guiadas de todo tipo o uno pequeñito de entrenamiento funcional más personalizado.

  ____

- ¿Has pensado en compartirlo con alguna amiga u amigo, pareja o hijos?

  ____

- ¿Qué más necesitas para empezar ya? ¿Ropa deportiva, calzado, una bolsa de deporte bonita, algún suplemento alimenticio, un chequeo médico?

  ____

SEMANA 49

DISFRUTA DE *hablar* CON LA GENTE

No son buenos tiempos para las conversaciones sin prisas, pausadas y de una sola cosa a la vez. Conversaciones valiosas que permiten empatizar, conectar, y sentirnos y hacer sentir escuchadas y valiosas. El móvil, las notificaciones, las llamadas y las prisas fomentan el estrés, que dificulta las conversaciones o las interrumpe y genera frustración y tristeza.

Hay que darles valor a las conversaciones sin distracciones y entrenarlas. De este modo, la conexión es más profunda y fortalece las relaciones, mejora la comprensión, la empatía y reduce las malinterpretaciones. Nuestro cerebro está más centrado y, por tanto, menos estresado al tener que atender solo a la conversación.

Dediquemos tiempo a las personas importantes en nuestra vida.

Esta semana te invitamos a que, **si alguien te llama o vas a llamar a alguien, te sientes**. Donde quieras, pero siéntate. Es decir, no hables corriendo o haciendo dos cosas a la vez. Habla como se hacía cuando el teléfono fijo no era inalámbrico, sentada al lado de la mesita donde lo teníamos conectado.

Con las siguientes pautas te invitamos a retomar el hábito de **hablar sin distracciones y disfrutando de las conversaciones**.

- El lugar es importante. Crea ese espacio.
- El móvil no está invitado al encuentro.
- Antes de empezar, conecta con tu intención, sonríe, respira y relájate.
- Equilibra temas superficiales con preguntas significativas.
- Estate más centrada en escuchar y sentir cómo resuena en ti lo que te cuentan que en responder.

¿Con quién te gustaría empezar a conversar y disfrutar?

SEMANA 50

MINDFULNESS *caminando*

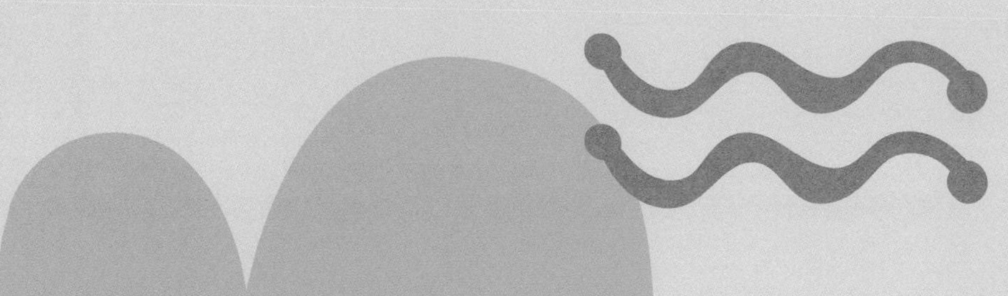

M*indfulness* es la capacidad de estar aquí y ahora, con todos los sentidos. Te ancla al presente, te aleja del pasado y de la ansiedad por el futuro. Caminar es el acto de desplazar nuestro cuerpo, pero solemos hacerlo automáticamente, saturadas de experiencias mentales como pensar en mil cosas, preocupadas, reviviendo un tema pasado por teléfono, escuchando música, hablando. Pero si caminas conscientemente, transformas este acto en una práctica de *mindfulness* muy beneficiosa. Entrenas tu mente a estar aquí con la intención de prestar atención a la experiencia de caminar centrada en tus pasos, el movimiento, el ritmo, las sensaciones físicas al apoyar el pie, la temperatura, el latido del corazón, el ritmo de tu respiración..., en lugar de atender a pensamientos intrusivos, preocupaciones o distracciones.

Esta actividad reduce el estrés, aumenta la calma, despierta los sentidos, mejora la atención y concentración, y fomenta la conexión entre mente y cuerpo.

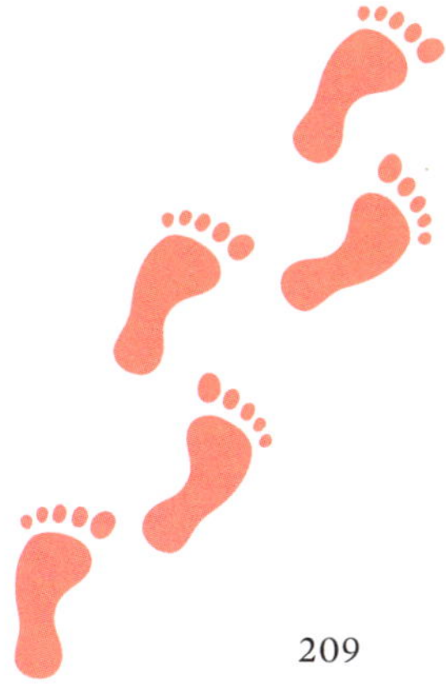

En el pasillo de tu casa o cuando pasees por el parque o la playa, elige una trayectoria de diez pasos de ida y de vuelta. **Adopta una postura erguida, suelta los brazos, distribuye tu peso, deja caer la mirada al caminar y siente cada paso y el contacto de tu pisada contra el suelo.** Esta práctica será más consciente si la realizas descalza o con calcetines.

¡Pues vamos a caminar conscientes! Te proponemos:

- **Elegir una pequeña distancia** en tu casa, terraza, parque, playa, montaña. Un lugar preferiblemente tranquilo para empezar.
- **Descalzarte** y dejar tus pies con calcetines o sin ellos, para aumentar las sensaciones de contacto con el suelo, tierra, césped, arena.
- **Relajar tus hombros, soltar los brazos y distribuir el peso de tu cuerpo de manera uniforme**.
- **Centrar tu mirada en el suelo**, unos pasos por delante de tus pies.
- Comenzar a **caminar tan despacio como te sea posible**, tomando conciencia de los movimientos necesarios para que un pie se levante, se desplace en el aire, aterrice en el suelo y haga el cambio al otro pie.
- Cuando llegues al extremo, antes de girar, **haz una respiración consciente** y comienza de nuevo.
- **Acompasa la respiración con tu caminar**.

Importante: cuando seas consciente de que tu ritmo se ha acelerado, para, respira y reemprende la marcha tan despacio como puedas.

Cada vez que te descubras distraída, vuelve a respirar suavemente, lenta y profundamente, y reconecta con tu cuerpo, con la postura y con el movimiento.

Como dijo Thich Nhat Hanh: «Camina como si estuvieras besando la tierra con tus pies».

SEMANA 51

justifícate
MENOS

Toma decisiones, haz elecciones, expresa opiniones, elige y no te justifiques. Por mucho que des explicaciones a los demás, no siempre las van a entender ni a compartir. Así, que eres libre de actuar según tus valores o conciencia, guste o no guste a los demás.

Para poder hacer elecciones y que no te sientas en la obligación de justificarte, necesitas tener claro cuáles son tus necesidades, valores, deseos y límites. Cuanta más seguridad tengas, más fácil será elegir y decidir. A medida que dejas de depender de esa aprobación externa, te acercas a tu libertad y a una vida con sentido elegida.

Tienes una vida que has de hacer tuya. Tienes que hacer elecciones en tu vida. ¿Cuántas decisiones tomas a diario por agradar a los demás o por no contradecirlos?

Haz una lista de todo aquello que dejas que otros decidan por ti. Pueden ser cosas sencillas, como los entrantes cuando sales a comer con familia o amigos, o más complejas, como el plan que tienes para el fin de semana. Te invitamos a que repases tu día a día, de lunes a domingo, tomando conciencia de las renuncias que haces por facilitarles la vida a otras personas, unas renuncias que tampoco les perjudicarían si a partir de ahora eligieras por ti.

- ✦ ____________________
- ✦ ____________________
- ✦ ____________________
- ✦ ____________________
- ✦ ____________________
- ✦ ____________________
- ✦ ____________________
- ✦ ____________________

Si no tuvieras que darle explicaciones a nadie sobre ningún aspecto de tu vida, ¿qué decisiones estarías tomando en este momento?

Escribe tres decisiones que no impliquen grandes cambios en tu vida, que sean sencillas de llevar a cabo si te quitas la barrera de la aprobación ajena.

- ✦ ______________________________
- ✦ ______________________________
- ✦ ______________________________

Dibuja a continuación un termómetro de bienestar emocional o felicidad, como prefieras, e indica qué nivel alcanzarías de llevar a cabo estas tres decisiones.

Empieza con la primera, ¿a qué esperas, mujer primorosa?

SEMANA 52

ODA AL *satisfyer*

Ya sea porque te lo haya regalado tu pareja, te lo hayas autorregalado, tu amiga se haya acordado de ti... el satisfyer hoy día es un imprescindible. Y sí, lo sabemos, tu pareja lo supera. Pero... a nadie le amarga un dulce.

¿Qué has pensado o sentido al leer «satisfyer»? Quizá ni sepas qué es o quizá te ha entrado la risa, el pudor, la vergüenza... o te has culpado por pensar que es malo masturbarse. ¡Cuánto daño ha hecho la falta de educación sexual, los prejuicios y la ausencia de información!

La llegada del satisfyer ha supuesto una revolución. Muchas mujeres, por primera vez, han experimentado un orgasmo, rápido o profundo. Un antes y un después.

Los beneficios físicos y emocionales de la masturbación, con o sin juguetes, son una realidad:

- Aumento de la libido y el placer
- Conocimiento de tu cuerpo y de tus gustos
- Autonomía sexual
- Variedad y diversión en la sexualidad
- Reducción del estrés y mejora del sueño

Nuestro objetivo no es sustituir a tu pareja ni centrar la sexualidad en la masturbación con el satisfyer. Pero sí reflexionar y tomar conciencia sobre la relación que tienes con respecto a la masturbación.

- ¿Qué creencias tengo sobre esto?

  ___

- ¿Siento vergüenza y no puedo hablar de ello en pareja o con amigos?

  ___

- ¿Conozco los beneficios de la masturbación?

  ___

- ¿Abuso de la masturbación y he mecanizado el disfrute?

  ___

- ¿Es mi única medida para regular el estrés?

  ___

Te proponemos una lista de actividades. Empieza por alguna que te ayude a abrirte a la experiencia y cuidar de tu sexualidad. Nadie puede morirse sin haberse masturbado, aunque sea una vez en la vida. Y mucho menos sin experimentar un orgasmo de esos en que una dice «tierra, trágame». ¿No crees?

Próximos retos:

- ✓ **Buscar información** del satisfyer.
- ✓ Preguntar a una **amiga**.
- ✓ Hablar del tema con la **pareja**.
- ✓ Tocarme y experimentar **sin juicio**.
- ✓ **Usarlo** con la pareja.
- ✓ **Hablar** de la experiencia.

Querida lectora:

Si has llegado hasta aquí, permítenos darte las gracias de corazón. Gracias por regalarte este tiempo, por abrir cada semana este libro y, sobre todo, por abrirte a ti misma. No siempre es fácil priorizarnos en medio del ruido y las prisas, pero tú lo has hecho. Has apostado por cuidarte, por escucharte y por estar presente en tu propia vida. Y eso, créeme, es un acto de valentía. Y además, esperamos que lo hayas hecho sin culpa y sin prisa.

Recuerda que no se trata de hacerlo perfecto, sino de hacerlo posible. Habrá semanas en las que te saldrá mejor y otras en las que apenas puedas dedicarte unos minutos. Y está bien. Lo importante es que sigas intentándolo, que te sigas dedicando tiempo, una y otra vez.

Ojalá este libro te haya acompañado, inspirado y recordado que mereces tu propio cuidado. Que estas 52 semanas sean solo el principio de una vida más consciente, más compasiva y más tuya. Gracias por confiar en nosotras y por permitirnos formar parte de tu camino. Sigue adelante, sigue cuidándote.

Queremos aprovechar para agradecer a todas las personas bonitas que nos han ayudado a publicar este libro: gracias, Alba, y gracias, Penguin. Y, en especial, a todas nuestras seguidoras que confían y dan valor a nuestro trabajo, y a las que esperamos concienciar para que se dediquen tiempo como derecho, no como premio. Os queremos.

Con todo nuestro amor,

Yolanda y Patri

PATRI PSICÓLOGA es escritora, conferenciante y divulgadora en diferentes medios de comunicación. Desde sus redes, ofrece diariamente consejos y herramientas a través de sus vídeos y pósits, y divulga sobre lo que más le apasiona: la psicología de la vida cotidiana. Es autora de doce libros y un cuento infantil, *Soy una buena persona* (Beascoa, 2025). Colabora habitualmente en televisión, radio, prensa y revistas. Desde 2021 está de gira con su equipo por España con obras de teatro que combinan humor y rigor para llevar la psicología al gran público. Es conferenciante e imparte talleres online y de forma presencial. Su clínica, de cobertura nacional e internacional, tiene un objetivo claro: mejorar la vida de las personas.

@patri_psicologa | patripsicologa.com

YOLANDA CUEVAS es licenciada en Psicología especialidad clínica, máster en psicología clínica y de la salud, máster EMDR Desensibilización y reprocesamiento por movimiento ocular, y máster en alto rendimiento y coaching deportivo.

Desarrolla su profesión en la consulta privada online. Acompaña como instructora certificada a personas de manera grupal y telemática en vivo en el programa de reducción del estrés basado en *mindfulness* MBSR. Realiza talleres presenciales y online e imparte charlas y diferentes programas en empresas para promover la salud mental y el bienestar. Ha participado en diferentes congresos relacionados con el bienestar, la inteligencia emocional y la psicología deportiva.

Colabora en diferentes medios de comunicación y en prensa escrita.

@yolandacuay | yolandacuevas.es